Klaus Meyer / Ursel Maichle-Schmitt

Die schönsten
Nordic Walking Touren
von Bad Urach bis Zwiefalten

Ausrüstung · Technik · Genusstipps

Oertel+Spörer

Inhalt

Erklärung des Farbleitsystems

Alle Touren sind entsprechend ihrem Schwierigkeitsgrad farbig markiert

 leicht   mittel   anspruchsvoll

Die Schwäbische Alb und das Alb-vorland sind ein wahres Nordic-Walking-Paradies. Unzählige Streckenvarianten, eine abwechslungsreiche Landschaft und unterschiedliche Schwierigkeitsgrade bieten Einsteigern und Profis viel Abwechslung.

Klaus Meyer, Physiotherapeut und Stützpunktleiter der Nordic Walking Union, hat gemeinsam mit dem büro maichle-schmitt eine Auswahl von Touren zusammengestellt, die ein Gebiet von Bad Urach bis Zwiefalten umfassen.

Klaus Meyer, Nordic-Walking-Trainer

Bei der Auswahl der Touren wurde auf fachliche Aspekte wie Wegbeschaffenheit, Tourenprofil und Schwierigkeitsgrad großer Wert gelegt. Ergänzend war es den Autoren wichtig, landschaftlich reizvolle Touren zu beschreiben, die „ganz nebenbei" Einblicke in die Natur- und Kulturlandschaft der Alb und des Albvorlandes bieten. So ist mancher Abstecher beschrieben, der einen kurzen Zwischenstopp durchaus lohnt.

Bevor Sie „los-walken", sollten Sie allerdings den Vorbereitungsteil mit Materialtipps und technischen Hinweisen durchlesen. Gut vorbereitet ist Nordic Walking eine der gesündesten Arten sich fit zu halten. Durch den Stockeinsatz wird deutlich mehr Fett verbrannt und Sauerstoff verbraucht als beim „Fitness-Gehen" ohne Stöcke.

Nicht umsonst wurde Nordic Walking als Sommer-Trainingsmethode für Spitzenathleten der nordischen Sportarten entwickelt.

Am einfachsten ist der Einstieg ins Nordic Walking mithilfe eines professionellen Trainers. Gemeinsam mit anderen Einsteigern werden die richtigen Bewegungsabläufe erlernt und im Gelände ausprobiert. Dabei ist wichtig, dass Sie entspannt und ohne Leistungsdruck „walken". Nordic Walking soll Spaß machen und keine Quälerei sein. Zur guten Stimmung beim Walken tragen zusätzlich körpereigene Substanzen bei. Bereits nach ca. 30 Minuten im aeroben Bereich schüttet der Körper Glückshormone aus, die beim Stressabbau behilflich sind sowie die Phantasie und Kreativität anregen.

Sollten Sie nach dem Walken durstig und hungrig geworden sein, bieten sich entlang der Routen einige erfrischende und schmackhafte Einkehrmöglichkeiten, die regionale Produkte anbieten.

Insgesamt sind 30 Touren mit Wegbeschreibung, Beschilderungshinweisen, Sehenswürdigkeiten und besonderen Tipps beschrieben. Zur Orientierung ist jede Tour mit Kartenskizze, Anfahrtsweg, Parkmöglichkeit und Streckenverlauf im Maßstab 1:100.000 ergänzt.

Jetzt liegt es an Ihnen, die schönsten Nordic-Walking-Touren in der Region zu entdecken. Über Anregungen, eigene Tourentipps, Kritik und Lob würden wir uns freuen.

Viel Vergnügen wünschen
Klaus Meyer und das Team
vom büro maichle-schmitt

Nordic-Walking-Trainer

Wie fit sind Sie?

Machen Sie einen Fitnesscheck!

Wir empfehlen Ihnen vor Ihrer ersten Nordic-Walking-Tour einen Besuch bei Ihrem Hausarzt. Fragen Sie ihn, ob Sie gesundheitliche Einschränkungen für das Nordic Walking haben. In der Regel wird Ihnen Ihr Arzt grünes Licht geben, da Nordic Walking für (fast) jedermann/-frau geeignet ist.

Entscheidend ist, dass Sie entsprechend Ihrer persönlichen Fitness einsteigen und sich nicht gleich bei den ersten Touren überfordern.

Empfehlenswert ist – besonders für Einsteiger – eine Pulsuhr, Ihr persönlicher Trainer am Arm. Die drahtlosen Sportuhren mit eingebautem Herzfrequenzmesser messen EKG-genau. Mit diesem Gerät können Sie jederzeit Ihren Trainingserfolg überprüfen und aus-

Sportuhr mit Herzfrequenzmesser

werten. Fragen Sie Ihren Arzt oder Nordic-Walking-Trainer nach Ihren persönlichen Zielwerten!

Das Geheimnis eines effektiven Trainings ist die Balance zwischen Intensität und Dauer. Sie sollten keinen „Hochleistungssport" betreiben und nach dem Training vollkommen ausgepumpt sein. Ebenso wichtig wie der Fitnesscheck ist die richtige Vorbereitung.

Lassen Sie es rechtzeitig laufen

Sie sollten vor dem Training ausreichend trinken. Ein halber Liter Wasser ist optimal. Trainieren Sie länger als eine Stunde, sollten Sie unterwegs nachtanken. Nehmen Sie eine Trinkflasche mit und achten Sie auf einen hohen Natrium-Anteil im Getränk (400 mg pro Liter, also rund ein Gramm Kochsalz). Und besonders wichtig: Gleichen Sie nach dem Walking schnell Ihren Flüssigkeitsverlust wieder aus.

Bereits bei zwei Prozent Flüssigkeitsmangel, das entspricht einem leichten Durstgefühl, verringert sich die Ausdauer- und Denkfähigkeit deutlich. Ab acht Prozent führt der Flüssigkeitsmangel zu Übelkeit und motorischen Störungen.

Ein Kaltstart ist Gift für Ihren Körper!

Mindestens so wichtig wie die ausreichende Flüssigkeitszufuhr ist das richtige Aufwärmen Ihres Körpers vor dem Walken. Durch die Aufwärmübungen werden Herz-Kreislauf-System und Atmung angepasst. Zur Vermeidung von typischen Sportverletzungen ist das Aufwärmen besonders für den passiven Bewegungsapparat wie Gelenke, Kapseln, Bänder und Sehnen sehr wichtig. Nach dem „Warm-up" sollten Sie es beim Walken noch für ein paar Minuten ruhiger angehen. Finden Sie Ihren Rhythmus und steigern Sie allmählich das Tempo bis zur maximalen Leistungsfähigkeit.

Nach dem Walken empfehlen wir verschiedene „Dehnübungen". Damit steigern Sie Ihr Wohlbefinden und der Abtransport von Stoffwechselprodukten wird gefördert. Gezieltes Dehnen (Stretching) vermeidet außerdem den lästigen Muskelkater am nächsten Tag. Die wichtigsten „Aufwärm-" und Dehnübungen haben wir für Sie auf den Seiten 10–12 mit Bildern und kurzen Begleittexten zusammengestellt.

Nordic Walking kann jeder!

Nordic Walking für jedes Alter

Kaum eine andere Fitnessmethode hat in den letzten Jahren so viel Begeisterung entfacht wie das Nordic Walking. Vorbei sind die Zeiten, als wir über das „Gehen am Stock" gewitzelt haben. Zwischenzeitlich haben auch die größten Skeptiker erkannt, dass Nordic Walking eine gelenkschonende Fortbewegung und das vielleicht effektivste Ganzkörpertraining ist. Herz-Kreislauf-System, Atmung, Muskulatur und Stoffwechsel werden mit regelmäßigem „Stöckles-Wetza" gestärkt und unterstützt. Trainieren auch Sie im größten Fitnessstudio der Welt – der Natur!

Aufwärmen („Warm-up")

Rotationsübungen: Stöcke liegen auf den Schultern, leichte Rotation des Rumpfes nach links bzw. nach rechts

Rotationsübungen bei eingeschränkter Schulterbeweglichkeit

Schulter kreisen: Stöcke liegen locker in der Hand, Schultern nach vorne bzw. nach hinten kreisen

Stockeinsatz: Knie leicht gebeugt, Arme mit Stöcken in der Hand diagonal schwingen, in den Knien leicht mitfedern

Wade/hinterer Oberarmmuskel:
*Leichtes Springen auf der Stelle
mit aktivem Stockeinsatz*

Überkreuzübung: *Mobilisiert
Schulter und Hüftgelenk und akti-
viert rechte und linke Gehirnhälfte*

Dehnen (Stretching)

Oberschenkel-Vorderseite: *Im
Stand, rechte Hand umgreift
rechtes Fußgelenk bzw. umge-
kehrt!*

Oberarmstrecker: *Eine Hand greift
die Stöcke unterhalb des Griffes,
die andere Hand zieht die Stöcke
nach unten*

Dehnen (Stretching)

Oberschenkelrückseite: Stöcke aufsetzen, Schrittstellung, hinteres Bein beugen und das vordere Bein im Kniegelenk gestreckt.

Hüftbeuger: im Stand auf einem Bein wird der eine Fuß mit der ganzen Fußsohle und dem ganzen Gewicht aufgesetzt. Die Hüfte des anderen Beines wird gestreckt.

Tiefe Hüftbeuger: im Kniestand auf einem Bein wird ein Fuß mit der Fußsohle und dem ganzen Gewicht aufgesetzt. Die Hüfte des anderen Beines wird gestreckt.

Wadenmuskulatur: Schrittstellung, Stöcke im Bereich des Vorfußes als Stütze aufsetzen. Vorderes Bein im Kniegelenk beugen und hinteres Bein im Kniegelenk strecken.

Der erste Schritt: die richtige Ausrüstung

Drunter und drüber

Für den Anfang braucht es nicht viel, um jederzeit und überall zu trainieren. Schuhe, bequeme Kleidung und zwei Nordic-Walking-Stöcke genügen für den Einstieg. Trotzdem empfehlen wir bei der Ausrüstung ein paar grundlegende Dinge zu beachten, vor allem, wenn Sie regelmäßig trainieren möchten.

Der richtige Stock für Sie

Möglichst leichtes Gewicht, höchste Stabilität, Schwingaufnahme und -absorbierung sind grundlegende Voraussetzungen für jeden Nordic-Walking-Stock. Bei aller Sparsamkeit sollten Sie Ihre Ski-, Wander- oder Trekkingstöcke besser im Keller lassen. Für Nordic Walking benötigen Ihre Stöcke nämlich besondere Handschlaufen, um eine exakte Stockführung zu ermöglichen und um frühzeitiger Ermüdung der Handmuskulatur vorzubeugen. Ebenfalls zu beachten ist die richtige Stocklänge. Die Faustformel lautet: Körpergröße in cm x 0,66. Hier empfiehlt sich der Rat eines Fachmanns, denn auch die Köperproportionen müssen bei der Auswahl des Stockes berücksichtigt werden. Grundsätzlich sollten Sie Ihre Stöcke nur im Fachhandel kaufen. Hier werden Sie kompetent in Materialfragen, Handling und Pflege beraten.

Jacke wie Hose und Schuh

So wichtig wie die Stöcke sind auf Dauer auch die Schuhe. Was beim Auto der Sportreifen, ist für Ihre Füße ein Sportschuh, der stützt, führt, dämpft und schützt. Für den Einstieg tut es auch ein normaler Turnschuh. Joggingschuhe mit weichen Sohlen sind ungeeignet, da der Fuß meist im Schuh rutscht und es dadurch auf Dauer zu Blasen und Druckstellen kommt. Gönnen Sie Ihren stark beanspruchten Füßen spezielle Nordic-Walking-Schuhe.

Der Rest der Ausrüstung, die Bekleidung, sollte wind- und wasserdicht sowie atmungsaktiv sein. Wir empfehlen unbedingt Funktionsunterwäsche, um eine Unterkühlung der Muskulatur durch starkes Schwitzen zu vermeiden. Bedenken Sie beim Kauf Ihrer neuen Nordic-Walking-Kleidung, dass Sie Ihr Training ganzjährig bei Wind und Wetter ausüben können und dabei mollig warm bleiben sollen.

Mehr Spaß mit der richtigen Technik

Stockeinsatz

Die Bewegungsabläufe beim Nordic Walking sollen harmonisch und dynamisch zugleich aussehen. Auf den ersten Blick erinnert vieles an den Skilanglauf. Wichtig ist der richtige Stockeinsatz. Die Stockspitze zeigt immer nach schräg hinten. Der rechte Stock wird aufgesetzt, wenn die linke Ferse den Boden berührt. Der linke Stock entsprechend, wenn die rechte Ferse den Boden berührt. Mit der Zeit wird der Stock immer längeren Bodenkontakt haben, ein deutliches Zeichen für ein erfolgreiches Training.

Die richtige Grundhaltung

Der Grundschritt

Die wichtigsten Merkmale des Nordic-Walking-Grundschrittes sind auf dem Bild sehr gut erkennbar:

- ein „langer" Arm
- Hand vorne geschlossen, hinten geöffnet
- Oberkörper aufgerichtet
- Schulterachse rotiert gegen Beckenachse
- Langer Schritt
- Aktive Fußarbeit

Ein aktiver Fuß- und Armeinsatz ist dabei besonders wichtig. Drücken Sie sich bei Ihren Schritten aktiv ab. Zur Übung empfiehlt es sich, den Bewegungsablauf in Zeitlupe und bewusst auszuführen. Mit dieser Übungsmethode können Sie die Bewegungsmuster im Unterbewusstsein verankern.

Empfiehlt sich ein Grundkurs?

Neueinsteiger sollten sich von einem Experten die richtige Technik zeigen lassen. Dabei ist nicht entscheidend, ob es sich um einen professionellen Trainer handelt, sondern entscheidend, dass Ihr Trainer die Technik selbst sehr gut beherrscht und gut vermitteln kann.

Menschen mit Einschränkungen wie Diabetes, Bluthochdruck, Rückenbeschwerden, Hüft- oder Kniearthrose sollten das Training, nach Absprache mit ihrem Arzt, bei einem ausgebildeten Nordic-Walkig-Instruktor, mit krankengymnastischer Ausbildung, beginnen. Dieser passt die Trainingsinhalte, wie zum Beispiel Schrittgröße und Belastungsintensität, an die individuellen Handicaps an.

Ein anderer Grund für einen Kurs in einem Sportverein oder bei einem Nordic-Walking-Stützpunkt ist: Das Training in der Gruppe motiviert stärker, als alleine durch die Landschaft zu walken, und Sie lernen neue Menschen kennen, die alle ein gemeinsames Ziel haben: fit zu werden und fit zu bleiben. Andere behaupten, es lässt sich

Schrittlänge ist in etwa Stocklänge

nirgends so schön und ungestört ein „Schwätzle" halten wie frühmorgens beim Nordic Walking. Probieren Sie selbst aus, welche Lernmethode für Sie die richtige ist. Entscheidend ist, dass Ihnen die Bewegungsabläufe Spaß machen und sich gut anfühlen.

Nordic Walking Kurs

Wer bietet Kurse an?

Klaus Meyer, einer der Buchautoren, bietet Kurse für Einsteiger und Fortgeschrittene an. Für Menschen mit Einschränkungen werden besondere Kurse angeboten. Besonders gute Übungsergebnisse werden durch Videoaufnahmen der Bewegungsabläufe während des Trainings erzielt. (www.haid-reha-aktiv.de) Sehr gute Nordic-Walking-Kurse werden heute auch von vielen Sportvereinen, Krankenkassen und dem DSV angeboten.

Die Bewegungsabläufe im Einzelnen

Aufrechter Oberkörper

Die Faust beim Aufsetzen des Stockes

Armbewegung: der „lange" Arm

Die Stockposition

Die offene Hand beim Armschwung

Rotation der Schulter gegengleich zur Beckenachse

Parallel-Stöcke: bergauf

. . . und bergab

1 Zum Uracher Wasserfall

Eine Einsteiger-Tour am romantischen Brühlbach entlang und zu einem besonderen Wasserfall, dessen Wasser zu Gestein wird

Streckenprofil

Die Route ist ideal für Familien mit Kindern und als Einsteiger-Tour geeignet. Die Strecke gehört zum Nordic Walking Park Bad Urach und ist hervorragend ausgeschildert. Am Ausgangspunkt finden Sie noch weitere Informationen zum Nordic Walking Park.

 4,4 km　　 1 Stunde　　 Höhenmeter

Anfahrt und Lage

Von Bad Urach Richtung Dettingen biegen Sie links ab und fahren zum Parkplatz Wasserfall / Maisental. Von der Starttafel aus folgen Sie der Beschilderung auf Ihrer Nordic-Walking-Tour. Ebenfalls gut erreichbar, aus allen Richtungen, ist der Tour-Zugang mit der Busline 7640. Unterschiedliche Fahrtzeiten besonders an den Wochenenden sind zu beachten. Onlineauskunft www.efa-bw.de

Der Tourenbeschreibung

Von der Starttafel aus geht es auf einem ebenen Weg entlang dem Brühlbach. Werfen Sie einen kurzen Blick in den Bach hinein. Fällt Ihnen vielleicht das seltsam glatte Bachbett auf? Wieso das so ist, erfahren wir am Fuß des Uracher Wasserfalls, den wir als Nächstes erreichen. Aus dem Wasser, das hier über 37 m in die Tiefe stürzt, können Kalktuff-Steine entstehen! Der Kalktuff bildet sich bei der Verdunstung des Wassers. Er war früher ein begehrtes Baumaterial. Das Bachbett des Brühlbachs besteht fast vollständig aus Kalktuff und ist deshalb so „glatt".

Auf einem schmalen Trampelpfad biegen wir am Waldrand rechts ab, bevor wir in das schattige Schießtal einbiegen. Ein leicht abschüssiges Schottersträßchen führt uns weiter am Fuß des Runden Berges entlang. Auf dessen Gipfel befand sich über viele Jahrtausende ein beliebter Siedlungsplatz, wie zahlreiche Grabungsfunde belegen. Als Nächstes erreichen wir das Vereinsheim des Fanfarenzugs Bad Urach, das am Wochenende geöffnet hat. Der optimale Platz für eine kurze Pause. Am Vereinsheim biegen

① Hohenurach
② Uracher Wasserfall
③ Gütersteiner Gestütshof
④ Gütersteiner Wasserfall

wir nach rechts auf ein kleines Asphaltsträßchen und gelangen schnell zum Ausgangspunkt zurück.

Unser Tipp

Wer nach dieser Tour noch Lust hat auf „mehr", dem sei ein Abstecher nach Bad Urach empfohlen. Die Kurstadt hat eine sehenswerte Altstadt. Besonders empfehlenswert ist der Besuch im Restaurant Graf Eberhard. Präsentiert wird eine schwäbische Küche mit frischen regionalen Zutaten. Übrigens, wer Bad Urach besucht, der muss unbedingt eine Brezel probieren. Eine Sage erzählt: Hier wurde einst die Brezel erfunden. Aber das ist eine ganz andere Geschichte.

2 Gestütshof-Tour

Eine kurze Tour zum Gestütshof Güterstein, einer Außenstelle des Haupt- und Landgestüts Marbach

Streckenprofil

Eine kurze, einfache Strecke mit leichter Steigung und asphaltierten Teilstücken. Optimale Strecke, für Familien geeignet. Die Strecke ist gut ausgeschildert.

 3,5 km   30 Minuten   Höhenmeter

Anfahrt und Lage

Ausgangspunkt ist wie bei der Tour zum Uracher Wasserfall der Parkplatz (P23) Wasserfall / Maisental. Diese Tour ist Bestandteil des Nordic Walking Parks.

Tourenbeschreibung

Wir starten auf dem asphaltierten Weg in Richtung Gestütshof, der schon bald vor unseren Augen auftaucht. Es führt eine gerader Weg direkt zu den Gebäuden des Hofes.

Wenn Sie ohne Halt weiterlaufen möchten, empfiehlt sich ein kurzer Schlenker zu den Natursteinmauern des Gestütshofs. Diese sind teilweise aus den Kalktuff-Steinen des nahegelegenen Wasserfalls gebaut. Einst standen an der Stelle des Gestütshofes die Wirtschaftsgebäude des „Klosters zum guten Stein", von dem heute allerdings nichts mehr zu sehen ist. Es bestand über drei Jahrhunderte und wurde lange Zeit von den Kartäusermönchen in strenger Askese und Zurückgezogenheit bewirtschaftet. Noch heute erinnert ein bezauberndes Blümchen an die Mönche: die Kartäusernelke.

Nach den Gebäuden biegen wir rechts ab in einen Waldweg, der uns zu einer Schutzhütte (mit

① Hohenurach
② Uracher Wasserfall
③ Gütersteiner Gestütshof
④ Gütersteiner Wasserfall
⑤ Viehstelle

Feuerstelle) führt: der Viehstelle. Weiter geht es durch einen Hohlweg, der nach kurzer Zeit in den Weg mündet, der uns vom Hinweg bereits bekannt ist. Vorbei am Vereinsgelände des Fanfarenzuges, sind wir nach ein paar Metern wieder am Ausgangspunkt angelangt.

Kartäusernelke

Unser Tipp

Jährlich findet auf dem Vereinsgelände des Fanfarenzuges das traditionelle Spanferkelessen statt. Ein großes Festzelt macht das Fest „wettersicher". Eine hervorragende Möglichkeit zum Walken, Schlemmen und Genießen. Mehr Informationen und Termine finden Sie im Internet unter www.fzu-badurach.de

③ Durchs Maisental zum Galgenberg

**Eine Runde mit besonders schönen Ausblicken,
durch ganz unterschiedliche Landschaften**

Streckenprofil

Unterschiedliche Wegbeschaffenheit und Steigungen kennzeichnen diese Tour. Teilweise geht es über Wiesenwege.

 6,0 km   1 Stunde   Höhenmeter

Anfahrt und Lage

Ausgangspunkt ist wie bei der Tour zum Uracher Wasserfall der Parkplatz (P23) Wasserfall / Maisental. Diese Tour ist ebenfalls Bestandteil des Nordic Walking Parks.

Die Tourenbeschreibung

Vom Parkplatz aus folgen wir zunächst der Beschilderung bis zum Wald und die Fohlensteige hinauf. Ein gutes Stück Steigung erwartet uns. An der Abzweigung biegen wir in einen Waldweg ein, der uns leicht bergab führt. Für den etwas holprigen Weg werden wir mit einem wunderschönen Ausblick auf den Breitenstein und Nägelesfelsen belohnt. Unter uns liegt der Gütersteiner Gestütshof, unsere nächste Station. Unsere Route führt am Gestütshof links vorbei auf einen Waldweg. An der Schutzhütte Viehstelle biegen wir links ab und gehen leicht ansteigend am Waldrand entlang, bis wir an einen Wiesenweg gelangen. Entlang von Streuobstwiesen geht es am Galgenberg weiter. Es erwarten uns faszinierende Panoramaausblicke auf den Hohenurach, die gegenüberliegenden Nägelesfelsen und das „Städtle". Ein asphaltierter Weg führt uns leicht bergab bis zur Bahnlinie, die wir überqueren. Rechts ab geht es auf einem schmalen Trampelpfad weiter, über eine kleine Brücke und gleich wieder rechts am Bächlein entlang. Von dort führt uns die Beschilderung auf einem Asphaltweg zum Ausgangspunkt der Tour zurück.

① Hohenurach
② Uracher Wasserfall
③ Gütersteiner Gestütshof
④ Gütersteiner Wasserfall
⑤ Viehstelle

Unser Tipp

Die Streuobstprodukte der Schwäbischen Alb und des Albvorlands sind von hervorragender Qualität und doch für viele noch ein Geheimtipp. Regionaler Apfelsaft, Apfelbranntwein, Most und Kirschenspezialitäten aus dem Ermstal finden immer mehr Liebhaber. Mit dem Kauf und Genuss dieser Produkte unterstützen und schützen Sie den Erhalt unserer heimischen Streuobstwiesen. Mehr Informationen bekommen Sie im Internet unter: www.streuobst-rt.de.

Mehr Informationen zum Haupt- und Landgestüt Marbach: www.gestuet-marbach.de

Brühlbach

4 Rund um den Schlossberg

Eine Entdeckerrunde zur Burgruine Hohenurach mit weitem Blick über das gesamte Ermstal

Streckenprofil

Eine Tour mit Steigungen, meist auf Schotterwegen. Auf dem Bergsattel „Kreuz" gibt es die Möglichkeit, einen Abstecher zur Ruine Hohenurach zu machen.

 4,2 km   45 Minuten   Höhenmeter

Anfahrt und Lage

Ausgangspunkt ist wie bei der Tour zum Uracher Wasserfall der Parkplatz (P23) Wasserfall / Maisental. Diese Tour ist ebenfalls Bestandteil des Nordic Walking Parks.

Die Tourenbeschreibung

Gleich zu Beginn führt die Tour durch Buchenwald hinauf zum Bergsattel Kreuz. Hier „kreuzen" sich mehrere Wanderwege. Einer davon führt steil zur Burgruine Hohenurach hinauf. Wer hinauf will, sollte auf dem steinigen, steilen Weg das Tempo etwas drosseln. Nach 120 Höhenmetern auf einem relativ kurzen Stück erwartet Sie eine einmalige Aussicht in die Umgebung. Kaum zu glauben, dass sich in der einstigen Landesfestung grausame Schicksale in den dunklen Verließen abspielten. Eines der bekannteren Opfer war der Dichter Nikodemus Frischlin, der bei einem Fluchtversuch die Felsen hinunterstürzte und sich tödlich verletzte. Es wird berichtet, dass an den Stellen, wo sein Blut hinspritzte, das Uracher Totenköpfchen gewachsen ist: eine seltene Orchidee, die auch als Hummelragwurz bekannt ist. Wieder zurück am Bergsattel, geht es

① Hohenurach
② Uracher Wasserfall
③ Gütersteiner Gestütshof
④ Gütersteiner Wasserfall
⑤ Viehstelle

weiter die Schlosssteige hinunter ins Seltbachtal. Dort münden wir in den leicht ansteigenden Graf-Eberhard-Weg ein und umrunden den Schlossberg, bis wir wieder unseren Ausgangspunkt am Parkplatz erreichen.

Unser Tipp

Im Seltbachtal steht ein Naturfreundehaus, das an den Wochenenden geöffnet hat und auch Übernachtungsmöglichkeiten anbietet. Viele Naturfreundehäuser bieten zwischenzeitlich ihren Gästen regionale Produkte an, und so gibt es auch im Seltbachhaus ein leckeres Vesper mit Produkten aus der Umgebung. Mehr Informationen im Internet unter: www.naturfreunde-badurach.de

Totenköpfle

5 Power-Tour auf die Albhochfläche

Steile Steigen, ein verschwundenes Kloster und der berühmte Rutschenfelsen sind Stationen der Power-Tour

Streckenprofil

Viele Steigungen, anspruchsvolle Wegbeschaffenheit und die Länge von mehr als 10 Kilometern setzen eine gute Kondition voraus. Viele Sehenswürdigkeiten am Weg.

 10,4 km   1,5 Stunden   Höhenmeter

Anfahrt und Lage

Ausgangspunkt ist wie bei der Tour zum Uracher Wasserfall der Parkplatz (P23) Wasserfall / Maisental. Diese Tour ist ebenfalls Bestandteil des Nordic Walking Parks.

Die Tourenbeschreibung

Über den Gütersteiner Gestütshof führt uns die Tour links ab, die Fohlensteige hinauf, bis zu einer Abzweigung, die uns zur kleinen Gütersteiner Kapelle führt. Hier oben befand sich einst das Kloster am guten Stein, die Kartause Güterstein. Ein paar Stufen geht es hinab zum Gütersteiner Wasserfall. Malerisch plätschert er über bemooste Steinstufen in ein künstliches Wasserbecken. Zurück über die Stufen, folgen wir einem steilen, schmalen Waldpfad, schlängeln uns an mehreren Felsbrocken vorbei hinauf zur Hochfläche. Der Wald öffnet sich und wir erblicken bereits die Pferdekoppeln des Fohlenhofs, einer weiteren Außenstelle des Haupt- und Landgestüts Marbach. Nach dem Hofgebäude biegen wir auf den Weg aus hellem Kalkstein nach links ein und halten uns weiterhin links, bis wir den Wald erreichen. Dort gehen wir an der nächsten Weggabelung rechts und erreichen das breite Rutschenfeld. Ein kurzer Abstecher zur Baumgruppe mitten auf der Hochfläche führt uns zum „kürzesten Bach der Alb". Er entspringt dem Rutschenbrunnen und versickert bereits nach wenigen Metern wieder im löchrigen Karstgestein. Später werden wir dem Wasser des Baches noch einmal begegnen.

Am Rande des Rutschenfeldes befindet sich ein weiteres Naturfreundehaus, die Rohrauer Hütte. An den Wochenenden ist dies eine verführerische Einladung zu einer ausgedehnten Walking-Pause.

Weiter geht es zu den Rutschenfelsen. Hier befand sich einst eine gewaltige Holzrutsche, auf der

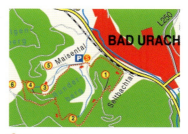

1. Hohenurach
2. Uracher Wasserfall
3. Gütersteiner Gestütshof
4. Gütersteiner Wasserfall
5. Viehstelle
6. Fohlenhof

Holz von der Alb nach Bad Urach hinabgelassen wurde. Von dort aus wurde es nach Stuttgart geflößt, damit die hohen Herren in der Stadt genügend Holz zum Heizen und Bauen hatten. Der atemberaubende Fernblick vom Rutschenfel-

Baumgruppe am Rutschenbrunnen

Gütersteiner Kapelle

sen verführt zum Bleiben. Um nicht ganz aus dem Walking-Rhythmus zu kommen, machen wir uns wieder auf die Runde und folgen einem schmalen, teils abenteuerlichen Weg, in vielen Windungen hinunter zur Hochwiese des Uracher Wasserfalls. Im Sommer ist hier viel los und im Kiosk können regionale Produkte gekauft werden. Am Wasserfall begegnet uns erneut das Wasser vom Rutschenbrunnen. Nach starken Niederschlägen ist der Wasserfall ein beindruckendes Schauspiel. Weiter nehmen wir den oberen, gut begehbaren Wasserfallweg und erreichen schnell die Kreuzhütte (mit Feuerstelle). Von dort aus führt unsere Tour nach rechts die Schlosssteige hinunter. Unten angekommen, geht es auf dem Graf-Eberhard-Weg um den Schlossberg herum wieder zurück zum Ausgangspunkt.

Unser Tipp

Bad Urach hat außer einer hervorragenden regionalen Gastronomie noch einiges mehr zu bieten: Für Wohnmobilisten sind ausreichend Stellplätze in der Nähe des Thermalbades vorhanden. Ein hervoragendes Zimmer- und Ferienwohnungs-angebot, ein riesiges Wander- und Radwegenetz bieten den geeigneten Ausgangspunkt für Ausflüge auf die Alb und ins Albvorland.
Mehr Informationen im Internet unter:
www.badurach.de
www.reiseziele-natur.de
www.mythos-schwalb.de

Rechts: Runder Berg, Schießtal und Maisental

6 Im Kirschenparadies

Eine Familien- und Einsteigertour, auf der sich alles um die berühmten Ermstäler Kirschen dreht

Streckenprofil

Die leicht ansteigende Strecke verläuft durchgängig auf befestigten Wegen und ist auch bei schlechtem Wetter geeignet.

 4,2 km   50 Minuten   Höhenmeter

Anfahrt und Lage

Dettingen an der Erms erreichen Sie am besten über die B28 von Metzingen nach Bad Urach. In Dettingen fahren Sie zum Bahnhof „Dettingen-Mitte". Dort nach einer Parkmöglichkeit suchen. Da die Tour am Bahnhof startet, ist sie auch sehr einfach mit öffentlichen Nahverkehrsmitteln zu er-reichen. Mehr Informationen und Fahrpläne finden Sie im Internet unter: www.efa-bw.de.

Die Tourenbeschreibung

Vor dem Bahnhof halten Sie sich links, biegen nach ein paar Metern rechts ab und folgen dem Weg Richtung Calverbühl. Wir steigen an der letzten Tafel des Dettinger Kirschenweges entlang der Kirschbäume ein. Der Weg führt uns an insgesamt 13 Stationen bis unterhalb des Linsenbühl vorbei. Dort, an der Tafel eins, befindet sich ein sehr schöner Grillplatz, der zu einer kurzen Rast einlädt. Entlang dem Kirschenweg wachsen ca. 50 verschiedene Kirschsorten. Die Kirschenhexe auf kleinen Täfelchen weist den richtigen Weg, und das Besondere: Von den blau markierten Bäumen dürfen Besucher nach Belieben Kirschen probieren. Für den Rückweg bieten sich verschiedene Möglichkeiten an. Entweder wir gehen auf dem gleichen Weg zurück oder wählen einen Weg am Waldrand, am Hang des Rossbergs. Verschiedene an-

① *Calverbühl*
② *Linsenbühl*

dere Wegvarianten führen entlang von Streuobstbäumen und Wiesen ebenfalls zurück nach Dettingen.

Unser Tipp

In Dettingen an der Erms gibt es mehrere hervorragende Hausbrennereien, die heimisches Streuobst zu fruchtigen, edlen Bränden und Likören verarbeiten. Ein Edellikör, die Ermstäler Kirschflamme, ist bei vielen Genießern heiß begehrt. Jährlich findet ein Kirschenfest statt. Infos unter: www.dettingen-erms.de

Am Calverbühl haben es Ziegen zu einiger Beliebtheit gebracht. Die tierischen Landschaftspfleger bewahren den Calverbühl vor dem Zuwuchern.

Ziegen auf dem Calverbühl

7 Im Schönbuch am roten Tor

Eine Waldrunde durch eines der schönsten Waldgebiete im „Ländle", die in der Sommerhitze viel Schatten bietet

Streckenprofil

Eine optimale Waldstrecke auf befestigten Wegen. Besonders zu empfehlen an heißen Sommertagen. An den Wochenenden ist im Schönbuch viel Betrieb.

 8,0 km   80 Minuten   Höhenmeter

Anfahrt und Lage

Über die B27 bei Kirchentellinsfurt Richtung Einsiedel. Das Einsiedel-Plateau auf der Bebenhäuser Allee durchqueren, nach Erreichen des Waldes nach 500 m links auf Parkplatz „Rotes Tor".

Die Tourenbeschreibung

Die Bebenhäuser Allee überqueren und den Weg halblinks wählen. Die Strecke ist eben und führt an der Lindenallee vorbei. Nach ca. 1 km links in die Waldenbucher Allee (Nord) abbiegen. Links lassen wir einen Teich liegen, der im Sommer mit herrlichen Seerosen fast total bedeckt ist. Am Jägersitz vorbei gehen wir durch die „Moosplatte" und biegen nach ca. 1,5 km links ab in die Eschachhau-Allee. Die Allee mündet in einen Weg in Nord-Süd-Richtung. Wir gehen südlich bis zur Burgereiche und von dieser links weiter. Nach etwa einem Kilometer gehen wir rechts und bleiben auf dem Hauptweg, der nach ca. 200 m halbrechts weiterführt (nicht geradeaus in den Birkenweg).

Diesem Weg folgen wir bis zur Einmündung in die Lindenallee, die wir halblinks (südöstlich) gehen. Nach Überquerung des Dachsbühlhau kommen wir nach ca. 800 m auf den Ausgangsweg, dem wir nach halbrechts (südwestlich) folgen und sind nach 400 m am Ausgangspunkt Parkplatz „Rotes Tor".

① Seerosenteich
② Jägersitz / Moosplatte
③ Burgereiche

Unser Tipp

Am Roten Tor ist ein sehr schöner Grillplatz, der an den Wochenenden im Sommer meist sehr gut besucht ist. Für Familien und Kinder ist viel Platz zum Spielen vorhanden.
Der Schönbuch bietet viele Natursehenswürdigkeiten und historische Stätten. Ganz in der Nähe, Richtung Rübgarten, befinden sich eine große keltische Viereckschanze und mehrere römische Denkmäler. Eine ausführlichere Beschreibung finden Sie im Buch: „Die schönsten Ausflüge: Burgen, Schlösser und Ruinen, ebenfalls erschienen im Verlag Oertel+Spörer in Reutlingen.

Am Seerosenteich

8 Durch das Greuthau zu den Alblöchern

**Die Tour führt durch ein Naturschutzgebiet
mit beeindruckenden Alblöchern**

Streckenprofil

Eine Tour mit leichten Steigungen und unterschiedlicher Boden-
beschaffenheit. Meist führt die Tour durch Mischwälder.

 7,5 km   2 Stunden   Höhenmeter

Anfahrt und Lage

Großengstingen erreichen Sie aus
Richtung Reutlingen auf der B312.
In Großengstingen in der Ortsmitte an der ersten Kreuzung rechts
abbiegen und den Schildern Sportplatz, Waldspielplatz folgen.
Sie fahren am Parkplatz „Waldspielplatz" vorbei und parken nach
ca. 200 m links auf dem Parkplatz
(Hinweisschild Lauftreff).

Die Tourenbeschreibung

Auf dem ersten Abschnitt führt uns
ein Schotterweg bis zur Seitzhütte.
Dort befindet sich rechts im Wald
ein Barfußpfad. Von der Seitzhütte geht es im großen Rechtsbogen
leicht ansteigend weiter. Oben
halten wir uns links, dann führt
der Weg ein kurzes Stück hinunter.
Unten angekommen, wählen wir
den Weg rechts. Weiter geht es im

großen Linksbogen durch den Wald. Vom Waldrand aus geht es gerade weiter an einer Baumgruppe mit Linden vorbei. Hier lohnt sich ein kurzer Abstecher über die gemähte Wiese, denn unter den Bäumen verbirgt sich eine große Doline. Einheimische kennen dieses Loch auch als „Hüle im Greuthau". Als Hüle wird ein Wasserloch oder kleiner Teich bezeichnet.

An der Doline vorbei führt der Weg weiter bis zu einem Parkplatz. Hier überqueren wir die Landesstraße (L230) und wenden uns auf dem Albvereinsweg mit dem Wegzeichen „Rote Gabel" nach rechts bis hinauf zur Anhöhe mit der Brücke über die Landesstraße (Lindenplatz). Der asphaltierte Weg führt weiter über die Brücke, hinauf ins Greuthau. Oben angekommen, wählen wir den Wiesenweg, der links

① *Seitzhütte*
② *Hüle/Doline im Greuthau*
③ *Lindenplatz/Passhöhe*

hinunterführt. Mitten auf der Wiesenfläche können wir ein weiteres eindrucksvolles Albloch sehen.

Weiter geht es durch ein Waldstück, bis wir auf einen Schotterweg gelangen, der uns nach links zurück zum Ausgangspunkt führt.

Unser Tipp

Nach der Greuthau-Runde empfehlen wir einen Besuch in der Bäckerei Marquardt. Dort bekommen Sie frische Backwaren aus ALBKORN-Mehl aus der Region. Bärlauch-Brot, knusprige Brezeln, Croissants und saisonale Produkte laden zum Genießen ein. Ganz Hungrige können an Stehtischen die frischen Backwaren und eine Tasse Kaffee oder Tee genießen. Mehr Infos unter www.albkorn.de

Treffpunkt Seitzhütte

9 ## Klaus Meyers Hausroute

Tourentipps vom Profi und Nordic-Walking-Stützpunktleiter rund um die Haid bei Engstingen

Streckenprofil

Eine Power-Runde mit unterschiedlichen Wegbelägen und Steigungen. Bitte achten Sie an den Bahnübergängen auf den Schienenverkehr!

 15,8 km   3 Stunden   Höhenmeter

Anfahrt und Lage

Engstingen erreicht man aus Reutlingen über die B312. Auf der Bundesstraße durchqueren Sie Großengstingen Richtung Trochtelfingen. Nach ca. 3 km biegen Sie am Schild Gewerbepark Haid links ab und fahren auf der Straße bis zur Haid-Reha auf der rechten Seite.

Die Tourenbeschreibung

Zwischen Sportplatz und Gleisen führt die Route bis zur ersten Möglichkeit, an der die Gleise überquert werden können. Auf der anderen Gleisseite folgen wir dem Wiesenweg geradeaus weiter. Wir erreichen den Waldrand, überqueren den Klammberg bis zum Wald-

① *ALBGOLD-Kundenzentrum*　② *Feuchtbiotop im Wald*

rand. Dort wenden wir uns links und bald darauf rechts, überqueren nochmals die Bahngleise und folgen dem Weg weiter geradeaus bis zu einer Gabelung. Wir wählen den Weg rechts, der uns um den Ziegelberg herumführt. Im Hasental führt der Weg parallel zu den Gleisen durchs Hasental. Sobald die Gleise einen Bogen zur Bundesstraße hin machen, verlassen wir das Hasental und durchqueren den Wald, bis wir wieder freies Gelände erreichen.

An der Gleisbiegung ist nach ein paar Metern ein Bahnübergang und der Zufahrtsweg zum ALBGOLD-Kundenzentrum. Ein Abstecher (ca. 10 min) zum Kräutergarten und

zur gläsernen Produktion lohnt sich. Wieder zurück, biegen wir auf dem Forstweg links ab und an der zwei-

Nordic Walking ohne Stress

ten Möglichkeit wieder rechts. Geradeaus erreichen wir das Lippertshorn, überqueren den Berg in einem weiten Linksbogen und biegen in einer Spitzkehre rechts ab, bis wir wiederum einen Forstweg erreichen. Diesem folgen wir in mehreren Bögen, bis wir wieder offenes Gelände antreffen. An einer Wegkreuzung biegen wir links ab und folgen der Strecke erst am Waldrand, dann durch den Wald, bis wir auf der linken Seite ein Feuchtbiotop erreichen. Halten Sie kurz an und genießen Sie den Blick auf den mit Seerosen bewachsenen Teich. Ein Ort der Stille und zur Naturbeobachtung. Seltsam ist, dass sich hier das Wasser auf dem löchrigen Boden sammeln kann. Nur ein paar Meter entfernt befindet sich ein Dolinenfeld.

Weiter geht es um das Biotop herum bis zu einer kleinen Lichtung. Hier biegen wir rechts ab und folgen dem Weg, anfangs leicht ansteigend, durch den Buchwald, bis wir wieder offenes Gelände erreichen (Beschilderung beachten). Kurz nach dem Waldrand halten wir uns links in Richtung der Bahngleise, bis wir wieder auf den Hinweg gelangen.

Am Biotop

Die Variante zum Trainieren

Mit 15,8 km Länge ist Klaus Meyers Hausroute sicherlich nicht unbedingt für Einsteiger geeignet. Eine kürzere Einsteiger- und Trainingsrunde verläuft vom Sportplatz aus über die Bahngleise zum Klammberg. Wir überqueren diesen im Bogen und halten uns, unten angekommen, vor den Gleisen scharf links. Dann umrunden wir ca. bis zur Hälfte den Berg und treffen auf einen Feldweg. Weiter geht es auf dem Feldweg über die Gleise, ein Stück geradeaus, dann in einer Biegung links ein Stück bis zu den Gleisen. Davor biegen wir nach rechts ab wieder zurück zum Sportplatz. Die Runde ist 6 km lang bei 55 m Höhenunterschied.

Nordic Walking auf der Haid

Am Sportplatz vorbei befindet sich nach ein paar Metern auf der Zufahrtsstraße das Haid-Reha-Zentrum, ein Stützpunkt der Nordic-Walking-Union. Dort finden regelmäßige Nordic-Walking-Kurse statt und es treffen sich regelmäßig Gruppen zum gemeinsamen Nordic Walking. Wie schon im Einleitungsteil beschrieben, empfiehlt sich für jeden Einsteiger ein Grundkurs, in dem er die tech-

Trainingsraum in Haid-Reha

nischen Grundlagen und richtigen Bewegungsabläufe erlernt. Klaus Meyer steht auch für alle anderen Fragen rund um Nordic Walking, Fitness, Rehabilitation und Physiotherapie zur Verfügung und erstellt Ihnen gerne ein persönliches Fitnessprogramm.

Unser Tipp

Von Engstingen Richtung Trochtelfingen ist es nur ein kurzes Stück auf die Haid. Dort links in den Gewerbepark (ehemaliges Kasernengelände) abbiegen und bis zum Restaurant Hydepark / PerDu fahren. Hier bekommen Sie Spezialitäten vom Original-Albbüffel. Bei schönem Wetter locken ein idyllischer Biergarten unter alten Bäumen und eine große Sonnenterrasse. Mehr Infos unter www.per-du.de

🔟 Auf der Eninger Weide

**Schafhaus, Erlebnispfad und Wildschweingehege
sind die Attraktionen auf der Eninger Weide**

— Streckenprofil —

Eine kurze Tour, teilweise im Wald auf geschotterten Wegen und weichem Waldboden. Beim Abstieg vom Hannersteigfels etwas holpriger Waldboden.

 2,5 km 1 Stunde Höhenmeter

Anfahrt und Lage

Die Eninger Weide erreichen wir von Reutlingen auf der L380 durch Eningen u. Achalm. Der Landesstraße folgen wir die Eninger Steige hinauf bis zum Schild Eninger Weide. Dort biegen wir links ab und fahren weiter bis zum großen Parkplatz am Wildschweingehege.

Die Tourenbeschreibung

Wir überqueren den Parkplatz Richtung Speicherbecken und umrunden das Wasserreservoir oben auf dem Damm. Wir verlassen den Weg um das Speicherbecken am Albtrauf Richtung Hannersteigfels. Nach ein paar Metern Waldweg führt uns ein Trampelpfad zu einem Aussichtspunkt an der Abbruchkante.

Von dort aus geht es auf einem etwas steilen und holprigen Waldweg weiter zum Wildgehege mit Rehen und Hirschen. Oft sieht man die Tiere in der Nähe des Zaunes. In einem Rechtsbogen verlassen wir das Wildgehege und folgen dem Weg bis zu einem mächtigen Baum am Waldrand (Naturdenkmal Buche). Dort geht es links und dann geradeaus weiter zum Parkplatz zurück. Linker Hand sehen wir auf dem Rückweg bereits den Zaun des Wildschweingeheges. Ein Abstecher zu Hütte und Futterstelle lohnt sich immer, denn meistens lassen sich die Schwarzkittel mit Frischlingsschar dort blicken.

① Oberer Stausee
② Unterer Stausee
③ Hannersteigfels
④ Schafhaus

Unser Tipp

Auf der Eninger Weide gibt es mehrere Grillplätze und das weithin bekannte Wanderheim des Schwäbischen Albvereins. Regionale Produkte laden zum Vespern ein und Kinder finden einen schönen Kinderspielplatz direkt bei der Hütte. Geöffnet: Samstags, sonntags und feiertags, ganztägig ab 9.00 Uhr. Ab März auch donnerstags und freitags ab 14.00 Uhr. Mehr Infos unter: www.sav-eningen.de
Beachten Sie am Parkplatz beim Gehege die Übersichtstafel. Entlang dem Naturerlebnispfad kann man sich individuelle Touren selbst zusammenstellen. Eine Übersichtskarte ist bei der Gemeinde Eningen u.A. erhältlich. Mehr Infos unter: www.eningen.de

Optimale Wege zum Walken

⑪ Am Drackenberg

Startpunkt ist das Naturfreundehaus, das an den Wochenenden leckere regionale Speisen und Getränke anbietet

Streckenprofil

Eine Tour mit guter Wegbeschaffenheit und Steigungen. Pausen, um die schöne Aussicht zu genießen, sollten einkalkuliert werden.

 4,6 km   1 Stunde   182m Höhenmeter

Anfahrt und Lage

Man erreicht den Startpunkt am Naturfreundehaus mit dem Auto von Reutlingen auf der L380. In Eningen fährt man über die „Reutlinger Straße", beim Café Roth geradeaus die Grabenstraße hoch. Dort folgt man den grünen Hinweisschildern. Aus Richtung Metzingen fährt man auf der L380a durch Eningen hindurch, an der Gaststätte „Scharfes Eck" links Richtung St. Johann/Münsingen, bis zum Café Roth. Dort geht es wieder die Grabenstraße hoch, bis die grünen Wegweiser zum Naturfreundehaus leiten.

Die Tourenbeschreibung

Start ist am Lindenplatz am Parkplatz des Naturfreundehauses. Es geht zuerst in Richtung Freibad, ein kurzer Anstieg führt in den Wald. An der Weggabelung geht es nach links leicht den Berg hinunter und weiter am Waldrand entlang. An der nächsten Kreuzung biegt man wieder nach rechts in Richtung Naturfreundehaus zum Ausgangspunkt. Dort folgt man ein kurzes Stück dem Teerweg wieder rechts in den Wald. Weiter bis zum Peters-Teich-Weg, dann geht es steil bergauf bis zur nächsten Wegteilung, die wieder in Richtung Ausgangspunkt führt. Kurz vor dem Abstieg wird man an der „Schönen Aussicht" für die Mühen

Eningen

1. *Oberer Stausee*
3. *Hannersteigfels*
4. *Schafhaus*
5. *Albgut Lindenhof*

belohnt. Es bietet sich ein herrlicher Blick auf die vor uns liegende Achalm und bei schönem Wetter sogar bis in den Schwarzwald. Der Abstieg geht ebenfalls steil hinab, am Parkplatz wieder angekommen, empfiehlt sich an den Wochenenden ein Abstecher ins Naturfreundehaus.

Unterwegs am Drackenberg

Unser Tipp

In Eningen trifft sich eine Walking-Gruppe: Ansprechpartner ist Elisabeth Klingenstein, Tommentalstraße 53, 72800 Eningen, Tel.: 07121-88424
Treff ist jeden Dienstag und Donnerstag um 19.00 Uhr, im Sommer am Lindenplatz beim Naturfreundehaus, im Winter im Arbachtal beim Parkplatz der Firma JDSU. Infos zum Naturfreundehaus: www.naturfreunde-eningen.de

12 Am Fuße des Vulkans

Entlang von Getreidefeldern, über Wacholderheiden und durch Wälder führt uns diese Tour am Fuße des Sternbergs

Streckenprofil

Unterschiedliche Wegbeläge von einfach bis steinig und steil. Ein Teil der Strecke verläuft im Wald auf schmalen Pfaden.

 4,2 km   1,5 Stunden   Höhenmeter

Anfahrt und Lage

Offenhausen, unterhalb des Sternbergs, liegt an der L230 von Engstingen Richtung Münsingen. Wir parken auf dem Parkplatz des Gestütsmuseums und gehen am Gestütsgasthof in den Innenbereich des ehemaligen Klosters. Unsere Tour beginnt am oberen Tor.

Die Tourenbeschreibung

Wir durchqueren das Gelände des ehemaligen Klosters Offenhausen, an der Lauterquelle vorbei, und folgen dem ansteigenden Wiesenweg unterhalb der Kreisstraße, die zur Hochfläche hinaufführt. Begrenzt wird der Wiesenweg von alten Baumriesen, den Resten einer prächtigen Baumallee. Oben angekommen, überqueren wir die Straße und folgen dem Weg zum Parkplatz am Sternberg mit dem landwirtschaftlichen Schaufeld. Nach dem Schaufeld geht es links und wir folgen der Beschilderung zum Sternberg hinauf. Der Weg führt durch das Braikestal, ein Stück durch den Wald und dann über eine weitläufige Wacholderheide, mit weichem Wiesenweg hinauf, zum bewirtschafteten Wanderheim des Schwäbischen Albvereins auf dem Sternberggipfel.

Vom Grillplatz am Wanderheim folgen wir dem Wegzeichen „Gelbes Dreieck" auf einem schmalen und steilen Waldweg hinunter Richtung Offenhausen. Beim Anstieg ist ein Abstecher zum Sternbergbrünnele

① *Lauterquelle*
② *Landwirtschaftliches Schaufeld*
③ *Sternbergturm und Wanderheim*

und zum Ausblick bei den Dolomitfelsen möglich. Weiter führt der schmale Weg in Serpentinen hinunter bis zu einer Straße, die wir überqueren. Nun geht es durch die Offenhauser Baumallee hinunter und zum Ausgangspunkt zurück.

Alte Allee auf die Hochfläche

Unser Tipp

In der ehemaligen Klosterkirche ist das Gestütsmuseum des nahe gelegenen Haupt- und Landgestüts Marbach untergebracht. Der Gestütshof bietet regionale Küche auf hohem Niveau. Bei schönem Wetter kann man auch im Freien sitzen. Im Wanderheim des Schwäbischen Albvereins auf dem Sternberggipfel kann man Vesper aus der Region genießen. Geöffnet ist immer am Wochenende. Am Haus befinden sich eine Grillstelle und Sitzbänke.

⑬ Rund um die Maisenburg

Eine romantische Burg, eine große Festungsanlage und eine bezaubernde Landschaft erwarten uns auf dieser Tour

Streckenprofil

Eine Runde mit guter Wegbeschaffenheit und knackiger Steigung. Kann vor der Wimsener Höhle abgekürzt werden.

 3,7 km   45 Minuten   Höhenmeter

Anfahrt und Lage

Hayingen erreicht man über Hohenstein-Ödenwaldstetten, Eglingen und Ehestetten oder direkt von Zwiefalten über Gossenzugen auf der Landesstraße L245.

In Hayingen folgen Sie der Beschilderung zum Lauterdörfle, das ein kurzes Stück außerhalb der Stadt liegt. Fahren Sie auf dem Fahrweg am Feriendorf vorbei und parken auf einem der hinteren Parkplätze.

Die Tourenbeschreibung

Von der Fahrstraße führt ein geschotterter Weg zum Buchstock, einem Naturdenkmal mit mächtigen Weidbuchen und einem Bildstock auf der rechten Wegseite, der an ein Unwetter, mit tödlichen Folgen für einen Schäfer, erinnert.

Am Buchstock vorbei erreichen wir bald offenes Gelände mit Wiesen und Feldern. Vor uns ist bereits die Ruine Maisenburg mit vorgelagerten Wirtschaftsgebäuden sichtbar, die zu exklusiven Ferienwohnungen ausgebaut wurden. Vor der Ruine führt unser Weg die alte Burgsteige hinunter ins Lautertal auf einen großen Grillplatz mit Liegewiese. Dort halten wir uns links, Richtung Anhausen, und biegen nach ca. 250 m links ins Fichteltal ein. Im Fichteltal können wir nach einigen Metern rechts einen steilen, schmalen Pfad zur Gerberhöhle und weiter zum Ringwall, den Resten einer riesigen Festungsanlage, hinaufsteigen. Der einfachere Weg

① *Maisenburg*
② *Gerberhöhle*
③ *Ruine Schülzburg*

führt durchs Fichteltal weiter, hinauf bis zur Hochfläche unterhalb des Ringwalls. Oben angekommen, können wir an der Wegkreuzung nach rechts einen Abstecher zum Ringwall machen oder nach links über die Hochfläche zum Ausgangspunkt zurückkehren.

Unser Tipp

Hayingen, die kleinste Stadt Baden-Württembergs, bietet viel Sehenswertes. Die malerische Altstadt, das Naturtheater, die Friedrichshöhle in Wimsen und die Gerberhöhle sind ein Muss für jeden Besucher der Region. Besondere Spezialitäten bekommen Sie bei Vitus Frey im „Adler" in Anhausen. Selbst gebrannte Schnäpse, Schlachtplatte und Wildgerichte laden zum Schlemmen ein (www.adler-anhausen.de)

Besuch in der Gerberhöhle

14 Albbüffel- und Albkäs-Tour

**Die Runde führt uns zu den berühmten Albbüffeln und
durch das Hohensteiner Weideland**

Streckenprofil

Eine Strecke ohne größere Steigungen auf Schotterwegen. Sie können die Runde an der Ruine Hohenstein abkürzen oder auch nach
Ödenwaldstetten erweitern.

 9,5 km   2 Stunden   Höhenmeter

Anfahrt und Lage

Hohenstein-Ödenwaldstetten erreichen Sie von Reutlingen über
die B312. An Bernloch fahren Sie
vorbei und biegen an der nächsten
Möglichkeit links von der Bundesstraße ab. Dann fahren Sie in Richtung Ödenwaldstetten. Auf der
rechten Seite sehen Sie bald den
Aussiedlerhof Hohensteiner Hofkäserei. Am AlbhofTour-Schild biegen Sie rechts ab und fahren bis
zum Hof. Eine Parkmöglichkeit finden Sie am Wegrand vor der Hohensteiner Hofkäserei. Bei schönem Wetter sehen Sie hier die
Albbüffel auf der Weide.

Die Tourenbeschreibung

Wir starten unsere Tour rund um die Hohensteiner Hofkäserei, indem wir die Zufahrtsstraße zum Hof zurücklaufen und vor der Hauptverkehrsstraße links abbiegen. Ein Stück gehen wir parallel zur Straße. Unser Weg führt entlang von Feldern und Weiden, wir halten uns nach links zum Waldrand. An diesem gehen wir rechts entlang. Wenn wir nach oben schauen, sehen wir im Wald die Mauerreste der einst großen Burganlage Hohenstein. Wir gehen an der Ruine Hohenstein vorbei, weiter Richtung Oberstetten, überqueren vor der Ortschaft die Kreisstraße und erklimmen nach links weiter die Burgstelle der ehemaligen Ödenburg. Nach einem Abstecher zur Burgruine laufen wir entlang von Feldern, bis wir zu den Sportanlagen von Oberstetten ge-

① *Ruine Hohenstein*
② *ehemalige Ödenburg*
③ *Bauernhausmuseum*

langen. Unser Weg führt zunächst an den Anlagen vorbei, dann durch Wälder hinab ins Hoftal. Dem Weg nach links folgen wir durch das Trockental, überqueren die Straße noch einmal und gehen weiter im Wald, bis wir wieder eine offene Landschaft erreichen. Am Waldrand entlang laufen wir weiter, bis wir schließlich die Hohensteiner Hofkäserei erreichen.

Familie Rauscher heißt Sie willkommen

Rund um die Hofkäserei

Zurück in der Hofkäserei, erwartet Sie ein vielfältiges Angebot. Vom Radler-Wanderhäusle über AlbhofTour-Aktiv-Angebote bis zum Albbüffel-Käse und zu Rohmilchkäsespezialitäten. Die Albbüffel sind im Jahre 2005 wieder auf die Alb zurückgekehrt und werden von Familie Rauscher gemolken. Die besonders nahrhafte und vitaminreiche Milch wird zu Käse und Jogurt verarbeitet. Mit der Molke werden Büffelbrot und Büffelhörnle gebacken. Die schwäbischen Urviecher sind auch auf der Weide ein besonderer Anblick und strahlen Ruhe und Gelassenheit aus. Zwischenzeitlich kann Helmut Rauscher eine Vielzahl Anekdoten und Geschichten von den eigensinnigen und charakterstarken Tieren erzählen. Wer sich rechtzeitig anmeldet, der kann an einer informativen und unterhaltsamen Hofführung durch den Biolandbetrieb teilnehmen. Außerdem sind die Rauschers Mitglied der AlbhofTour. Wer Bauernhöfe zu Fuß und mit dem Fahrrad erleben möchte, der bekommt auch dazu alle Informationen in der Hohensteiner Hofkäserei.

Außerdem sind Wanderreiter gern gesehene Gäste und für Gruppenreisende gibt es spezielle Programme zusammen mit Frottier-Bez und der kleinsten Hausbrauerei auf der Schwäbischen Alb.

Unser Tipp

Hohenstein hat für seine Besucher einiges zu bieten: das Bauernhausmuseum in Ödenwaldstetten, ein Kindernaturschutzgebiet bei Eglingen und die kleinste Hausbrauerei der Alb. In Hohenstein-Meidelstetten steht eine weitere Herde Albbüffel, die dort in Freilandhaltung lebt. Als Genießer-Tipp empfehlen wir den Hofladen der Hofkäserei. Dort bekommen Sie eine Vielzahl regionaler Spezialitäten und Albbüffelprodukte.

Rechts: Albbüffel auf der Weide bei der Hofkäserei

15 Auf den Spuren der Kelten

Entdecken Sie auf dieser Tour die Reste einer der größten keltischen Siedlungen Deutschlands

Streckenprofil

Schotterwege, Asphaltwege, Wald- und Wiesenwege wechseln sich ab auf dieser Runde. Teilweise sind Abschnitte so schmal, dass man hintereinander bleiben muss.

 6,6 km   1,5 Stunden   Höhenmeter

Anfahrt und Lage

Den Parkplatz Hochholz erreicht man von Bad Urach über die L250 Richtung Hülben. Von Hülben fahren Sie weiter Richtung Grabenstetten, bis Sie auf der linken Seite eine Übersichtstafel der „Expedition Schwäbische Alb" sehen. Dort biegen Sie ab und parken.

Die Tourenbeschreibung

Vom Wanderparkplatz Hochholz aus überqueren wir die Straße Hülben-Grabenstetten und wandern auf einem geschotterten Fußweg, bis wir auf den Heidengraben – einen grasbewachsenen Erdwall – stoßen. Wir biegen links ab und gehen auf dem Asphaltweg in Richtung Burrenhof. Bevor wir den Burrenhof erreichen, zweigen wir rechts ab und folgen dem „Roter Stein-Weg". Auf der linken Seite sehen wir keltische Grabhügel. Wir erreichen einen Parkplatz an der Kreisstraße nach Grabenstetten. Am Parkplatz überqueren wir an der 2. Möglichkeit die Straße. Achtung, Straßenverkehr! Wir gehen nach links weiter und folgen dem „Schlossweg", bis wir die Kreisstraße nach Erkenbrechtsweiler erreichen. Vor dieser Straße biegen wir rechts ab, nach 100 m wieder links und überqueren sie dann. Der asphaltierte Weg

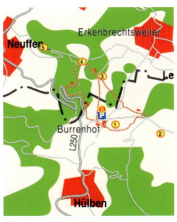

1. *Grabhügel am Burrenhof*
2. *Heidengraben*
3. *Große Esche*
4. *Viereckschanze*
5. *Ruine Hohenneuffen*

Die große Esche an der Wegkreuzung

führt uns weiter bis zu einer großen Esche mit einem Ruhebänkle. Hier ist eine Abkürzung der Tour möglich: Wenn wir an der Esche nach links wandern, kommen wir direkt zum Ausgangspunkt zurück. Für die große Runde halten wir uns an der nächsten Weggabelung (100 m) links. Nach weiteren 100 m endet der Asphalt und geht in einen fein geschotterten, teils festen Kalkweg über, der uns am Waldrand entlang zu einer

Schanzanlage sowie zum Rast- und Grillplatz Kohlhau führt. Dort befindet sich eine ehemalige Wehranlage zum Schutz der nahe gelegenen Burg Hohenneuffen. Dorthin ist vom Grillplatz aus ein Abstecher mit steilem Anstieg möglich.

An der Schutzhütte vorbei treffen wir rechtwinklig auf den Hauptwanderweg 1 (HW1) mit dem Wegzeichen „rotes Dreieck" des Schwäbischen Albvereins, dem wir nach links folgen.

Auf dem HW1 erblicken wir von einer Senke aus links in der Wiese eine kreisrunde Mulde, die Molach. Der Weg führt weiter, meist nahe am Albtrauf und Waldrand entlang. Rechts sehen wir Abrissspalten, so genannte Höllenlöcher.

Wenn wir uns rechts halten, können wir auch diese Spalten überqueren, treffen aber immer wieder auf den HW1.

Weiter folgen wir dem HW1 mit Wegzeichen „rotes Dreieck" bis zum Grenzstein Nr. 33. Ab hier gehen wir auf dem unmarkierten Wanderweg geradeaus weiter bis zum Bergsporn des Barnberges.

Beim Grenzstein Nr. 25 biegen wir scharf nach links ab und folgen dem unmarkierten Weg leicht ansteigend. Weiter geht der Weg am

Die Molach mitten in einer Wiese

Blick auf den Hohenneuffen

Albtrauf entlang. Beim Grenzstein Nr. 20 treffen wir wieder auf den von links kommenden HW1 mit dem Wegzeichen „rotes Dreieck". Wir folgen diesem und erreichen kurz darauf eine Schutzhütte. Hier gehen wir nach rechts weiter und folgen dem HW1 zwischen der Hangkante und der Wallgrabenanlage des Heidengrabens hindurch. Nach wenigen Metern erreichen wir rechts den Einschnitt der alten Neuffener Steige.

Am Waldrand verlassen wir den HW1 und biegen links ab über einen Wiesenweg, dann ein kurzes Stück Asphaltweg und gelangen in Richtung Kreisstraße zum Parkplatz zurück.

Unser Tipp

Nicht weit vom Parkplatz entfernt befindet sich Grabenstetten. Dort können Sie im Keltenmuseum mehr über eine der größten keltischen Siedlungen Deutschlands, die Elsachstadt, erfahren und interessante Fundstücke aus Grabungen sehen.
Keltenmuseum Heidengraben
Böhringer Str. 3
72582 Grabenstetten
Geöffnet: Mai bis September,
Sonntag 14.00–17.00 Uhr
Tel. 0 73 82 / 38 7
www.grabenstetten.de
www.kelten-heidengraben.de

Regionale Spezialitäten bekommen Sie vorzüglich zubereitet im Gasthaus „Burrenhof". Mehr Information im Internet:
www.burrenhof.de

16 Tour durch die Metzinger Weinberge

Noch ist die Weinberg-Tour ein Geheimtipp. Es locken faszinierende Ausblicke auf die Weinstadt am Fuße der Alb.

Streckenprofil

Durch die Weinberge führen asphaltierte Wege. Die Routen verlaufen meist in Serpentinen, sodass die Steigungen moderat sind. Zur Orientierung dient das Wengerterhäusle (Weinbergturm).

 4,0 km   1 Stunde   Höhenmeter

Anfahrt und Lage

Metzingen erreichen Sie über die B28 aus Richtung Reutlingen oder Bad Urach. In Metzingen fahren Sie auf der L210 Richtung Kohlberg. Sie folgen der in Serpentinen ansteigenden Straße, bis Sie das Hinweisschild „Naturfreundehaus" erreichen. Dort biegen Sie rechts ab und parken auf dem Parkplatz direkt am Haus.

Die Tourenbeschreibung

Vom Parkplatz aus führt uns der Weg geradeaus durch die Weinberge Richtung Metzingen. Wir erreichen bald den Weinbergturm, umrunden diesen fast ganz und biegen dann wieder links ab. In Serpentinen können wir die Weinberge hinunter, bis wir wieder eine Abzweigung nach rechts in Richtung des Naturfreundehauses wählen. In den Weinbergen kann man auch dem Weinberglehrpfad folgen oder ganz individuelle Touren zusammenstellen. Orientierungspunkte können der Weinbergturm und der oben liegende Parkplatz sein. Unterwegs bietet die Runde durch die Weinberge faszinierende Ausblicke in die Umgebung.

① *Weinbergturm*

Rund um den Weinberg

Bringen Sie für die Tour etwas Zeit mit. Nicht nur die reizvolle Landschaft verführt zum Genießen, sondern auch die vielen Erlebnismöglichkeiten in und um Metzingen herum. Besonders die lange Weinbautradition hat Metzingen geprägt. Bereits 1281 wurden die Keltern in Metzingen erwähnt. In ihnen standen einst Kelter-

Weinreben entlang dem Weg

bäume, mit denen die Weintrauben gepresst wurden. Im Jahre 1929 wurden alle Kelterbäume bis auf einen entfernt und die Keltern entwickelten sich zum Marktplatz Metzingens. Anstatt Weinpressen befinden sich heute ein Weinbaumuseum, eine Vinothek, in der die Weine der Winzergenossenschaft verkauft werden, die Stadtbücherei und verschiedene Gastronomiebetriebe in den „Sieben Keltern".

Im Kelternmuseum

Regional genießen

Spitzenweine aus dem Albvorland? Was sich seltsam anhört, ist bei Genießern schon längst kein Geheimtipp mehr. Im Mittelalter wurde Wein fast überall auf der

Metzinger Hofsteige – ein edler Tropfen

Alb und im Albvorland angebaut. Damals war Wein allerdings ein seltsames Gebräu, nicht zu vergleichen mit den reinen und edlen Weinen von heute.

Wein wurde früher meist mit Honig und Gewürzen „veredelt" und trinkbar gemacht. Man trank den Wein, der weniger Alkohol als heute besaß, bereits zum Frühstück, und bis zum Abend kamen oft einige Liter zusammen. Die Herrschaft verdiente am Durst ihrer Untertanen recht gut, war doch jedes Fass mit einer Weinsteuer belegt. Wahrscheinlich war dies auch der Grund, weshalb Most deshalb zeitweise sogar verboten wurde. Am Most wurde nichts verdient, da er nicht besteuert wurde.

Wer sich von der Qualität der heutigen Weine aus den Metzinger

Winzergenossenschaft

Weinbergen selbst überzeugen möchte, der kann dies in der Vinothek der Winzergenossenschaft tun. Der nährstoffreiche, dunkle Schieferboden, der häufig mit dem verwitterten Tuff der Metzinger Vulkane durchmischt ist, bringt besonders ausdrucksstarke, aromareiche Weine hervor.

Außer dem Wein hat die Region noch weitere regionale Produkte zu bieten. Im Naturfreundehaus, unserem Ausgangspunkt, bekommt man hervorragende Produkte von Streuobstwiesen des Ermstals sowie Fleisch und Wurstwaren von Metzinger Metzgern.

Unser Tipp

Öffnungszeiten
Naturfreundehaus Falkenberg
Samstag nachmittags,
sonntags, mittwochs bis
Freitag nachmittags.
Öffnungen für Gruppen oder
besondere Anlässe, sowie Reservierung des Grillplatzes nach
Vereinbarung (Kontakt: Doris
Schreiber, Tel.: 07123 / 970709).
Weingärtnergenossenschaft
Metzingen-Neuhausen,
Vinothek
Di. bis Fr. 14.00–18.00 Uhr
Mi. und Sa. 8.00–12.00 Uhr
Tel.: 07123/41715
www.wein-metzingen.de

17 Rund um den Stausee

Schattige Wege entlang dem Seeufer. Eine Runde, auf der an den Wochenenden Hochbetrieb herrscht.

Streckenprofil

Eine Runde ohne besondere Steigungen auf befestigten Wegen. Wer möchte, kann die Tour in den angrenzenden Wald ausdehnen.

 3,0 km   45 Minuten   Höhenmeter

Anfahrt und Lage

Den Glemser Stausee erreicht man von Eningen u.A. Richtung Metzingen. Außerhalb Eningens auf die Beschilderung „Stausee" achten. Den Schildern auf die Landesstraße L380a folgen und am Stausee links auf den großen Stauseeparkplatz abbiegen. Von Metzingen her fahren wir nach Neuhausen und von dort Richtung Eningen u. A. Von der Landstraße biegen wir rechts ab zum Stausee.

Die Tourenbeschreibung

Vom Parkplatz aus folgen wir dem Weg in den Wald um den Stausee herum. Nach dem Damm besteht eine Möglichkeit, die Runde zu verlängern, indem man rechts abzweigt, Richtung Waldrand. Wir folgen dem Weg am Waldrand entlang, bis wir auf einen Forstweg treffen, diesem folgen wir links in den Wald hinein Richtung Rangenbergle. An der Weggabelung halten wir uns links, und weiter geht es in zwei Bögen zur nächsten Gabelung. Dort wählen wir den Weg nach rechts, auf dem wir nach einigen Metern wieder den Stausee erreichen. Am Stausee entlang führt uns der Weg, vorbei am Pumpspeicherwerk, zurück zum Ausgangspunkt. Zum oberen Becken des Pumpspeicherwerks gelangen wir auf der Eninger-Weide-Tour. Nach dort oben wird mit „billigem" Nachtstrom Wasser aus

① *Oberer Stausee*
② *Unterer Stausee*
③ *Hannersteigfels*
④ *Schafhaus*

dem Glemser Stausee gepumpt, das dann tagsüber „teuren" Strom produziert, indem es durch Turbinen wieder in den Glemser Staussee zurückfließt. Nach dem Pumpvorgang sinkt der Stausee-Wasserspiegel um 16,5 m auf 1,5 m Höhe.

⌐ Unser Tipp ─────

Die Sonnenterrasse des Glemser Stauseehotels bietet den wohl schönsten Blick auf den See. In Glems befindet sich das Obstbaumuseum. Inmitten von Streuobstwiesen befindet sich dieses Kleinod. Mit Mosterei, Museumlädle und einer einzigartigen Ausstellung wird dem Besucher anschaulich die Obstbaugeschichte vermittelt. Kontakt: Herr Dürr, Telefon 0 71 23 / 1 56 53 o. 0 71 23 / 43 13

Obstblüte am Stausee

18 Rund um den Beutenlay

Die Tour um den Münsinger Hausberg bietet sonnige Wacholderheiden und schattige Waldwege

Streckenprofil

Eine Route um den Münsinger Hausberg auf befestigten Wegen mit geringen Höhenunterschieden.

 5,0 km   1 Stunde   Höhenmeter

Anfahrt und Lage

Münsingen erreicht man über Reutlingen oder Bad Urach auf der B465. In Münsingen folgen wir der Bundesstraße bis zur Beschilderung „Ahlenberghalle". Dort befindet sich ein Parkplatz, von dem aus die Beutenlay-Runde startet. Münsingen kann auch gut mit Bus und Zug erreicht werden. Im Münsinger Bahnhof befindet sich das Zentrum für Natur, Umwelt und Tourismus mit einer interaktiven Ausstellung und Infostelle für Freizeitangebote in der Region. Die Fahrpläne erhalten Sie im Internet unter: www.bahnhof-muensingen.de

① Beutenlay   ② Münsinger Bahnhof

Die Tourenbeschreibung

Von der Ahlenberghalle führt die Tour ortsauswärts, am Ortsende rechts und an der nächsten Möglichkeit wieder links Richtung der Bahngleise. Diesen folgen wir, bis wir auf die Bundesstraße 465 treffen. Wir überqueren die Straße

Unterwegs am Beutenlay

und folgen dem Weg rechts neben der Straße nach Münsingen hinein. In Münsingen folgen wir wieder der Beschilderung zur Ahlenberghalle zurück. In Münsingen soll in naher Zukunft ein Nordic Walking Park mit einer Starttafel an der Ahlenberghalle und mehreren ausgewiesenen Routen entstehen. Die Beutenlay-Tour ist eine dieser Runden und soll ausgeschildert werden. Weitere Routen können Sie der Starttafel entnehmen. Die Adresse der Touristinfo in Münsingen können Sie dem Tippkasten auf Seite 64 entnehmen. Sollten Sie mit der Schwäbischen Alb-Bahn angereist sein, haben Sie das Zentrum für Natur, Umwelt und Tourismus im Münsinger Bahnhof bereits kennengelernt. Andernfalls empfiehlt sich ein Abstecher in die einzigartige und besonders gelungene Ausstellung. Dort bekommen Sie einen Eindruck von der Naturvielfalt der Schwäbischen Alb. Blicken Sie in das Innere der Albhöhlen, lauschen Sie der Geschichte eines Schäfers oder entdecken Sie die Schönheit der Wacholderheiden.

Im Münsinger Bahnhof befindet sich eine Informationsstelle der Alb-Guides und des Nationalen Geoparks Schwäbische Alb. Zusätzlich können Sie sich über eine Vielzahl weiterer Natur-Angebote informieren. Naturliebhaber haben seit der Auflösung des Münsinger Truppenübungsplatzes die Möglichkeit zu einer geführten Exkursion durch das Gelände. Hier konnte sich in den letzten Jahrzehnten trotz der intensiven militärischen Übungstätigkeit eine fast einmalige Kultur- und Naturlandschaft entwickeln.

Unser Tipp

Ein ganz besonderes Genusserlebnis bietet die alljährliche Wacholderwanderung gemeinsam mit Schäfer Stotz, einem Vertreter des Landwirtschaftsamts, des Forstamts und dem Spitzenkoch Herr Autenrieth vom „Gasthof Herrmann" zum Naturreservat „Beutenlay". Anschließend erwartet Sie ein Büfett mit regionalen Produkten und Spezialitäten vom Weidelamm und vom Schaf.
Info und Anmeldung:
Gasthof Herrmann,
Familie Autenrieth
Tel.: 0 73 81 / 182 60
Mehr Infos unter:
www.hotelherrmann.de

Tourist-Information Münsingen
Bachwiesenstraße 7
72525 Münsingen
Tel.: 0 73 81 / 182-145
E-Mail:
Touristinfo@Muensingen.de

Alle Bilder „Rund um den Beutenlay" wurden freundlicherweise von Sport-Bleher in Münsingen zur Verfügung gestellt (www.sport-bleher.de).

Rechts: Der Münsinger Bahnhof

19 Im Lautertal

Eine Vielzahl von einfachen und anspruchsvollen Touren-varianten bietet das romantische Lautertal

Streckenprofil

Im Lautertal sind auf geschotterten, ebenen Wegen ganz individu-elle Einsteigertouren möglich. Fortgeschrittene können die Touren mit knackigen Steigungen auf die Hochfläche erweitern.

 individuell   individuell   Höhenmeter

Anfahrt und Lage

Das Lautertal erreichen Sie über Reutlingen–Engstingen Richtung Münsingen nach Offenhausen. Dort befindet sich der La+ur-sprung. Von Offenhausen folgen Sie der Großen Lauter nach Dap-fen, Wasserstetten, Buttenhau-sen bis nach Anhausen. Entlang der Lauter gibt es mehrere Wan-derparkplätze, teils mit Grillwiese und Sitzgelegenheiten. Besonders empfehlenswert sind der Parkplatz vor Buttenhausen, in Bichishausen beim Kanuverleih, in Indelhausen bei der ehemaligen Mühle und un-terhalb der Maisenburg.

Die Tourenbeschreibung

Im Lautertal empfiehlt es sich schon morgens vor 10.00 Uhr auf die Runde zu gehen und an den Wochenenden auf die Hochfläche auszuweichen. Für Einsteiger empfehlen wir die Strecken im Tal entlang dem Fluss: die erste Hälfte der Strecke auf der einen Seite des Flusses unterwegs zu sein und für den Rückweg auf die andere Seite zu wechseln. Frühmorgens ist es ein besonderer Genuss in der frischen Luft des Flusstales hier zu walken. Es erwartet Sie eine einmalige Landschaft mit Flussauen, Hangwäldern, Wacholderheiden und Felsnadeln. Wer richtig powern möchte, kann eine der vielen steilen Steigen auf die Hochfläche wählen und die „Taltour" mit fantastischen Ausblicken und Strecken in einer weiten Landschaft ergänzen. Eine besondere Herausforderung sind die Aufstiege zu einer der vielen Burgruinen.

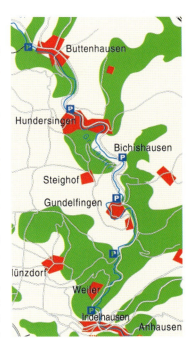

Ruine Schülzburg

Unser Tipp

Starten Sie auf dem Parkplatz vor Buttenhausen und nehmen Sie die steile Steige zum Schachen hinauf. Von dort sind es nur ein paar Meter zum Fladhof 1 der Familie Holzschuh hin. Nach dem steilen Anstieg eine willkommene Gelegenheit zur Rast. Bei Holzschuhs bekommen Sie regionale Produkte und Getränke. Mehr Infos: www.fladhof1.de

20 3-Täler-Tour

Lehrtal, Tiefental und Oberstetter Tal. Eine fast alpine Landschaft fasziniert auf dieser Power-Tour.

Streckenprofil

Eine anspruchsvolle Tour, meist auf geschotterten Wegen mit einer knackigen Steigung. Die Route kann auf ca. 10 km verkürzt werden.

 15,8 km   3 Stunden   Höhenmeter

Anfahrt und Lage

Pfronstetten liegt an der B312 von Reutlingen nach Zwiefalten. Direkt an der Bundesstraße, vor Pfronstetten, befindet sich die Schäferei Fauser auf der linken Seite. Zum Parken fahren Sie am besten auf den großen Wanderparkplatz vor der Schäferei. Von dort sind es nur ein paar Schritte zum großen, modernen Schafstall.

Die Tourenbeschreibung

Vom Parkplatz aus sehen wir bereits den Schafstall der Familie Fauser. Wir starten unsere Tour Richtung Lehrtal hinunter. Der

Weg führt weiter in das Tiefental. Fast wie in den Alpen wirken die schroffen Kalkfelsen, die Schutthalden und die hohen Talränder.

Vom Tiefental folgen wir dem Weg hinauf nach Aichelau. Dies ist die einzige nennenswerte Steigung der Tour. Aber dafür hat sie es auch in sich. Wenn wir Aichelau erreichen, haben wir das härteste Stück geschafft. Am Rande von Aichelau folgen wir dem Weg weiter, bis wir die Kreisstraße 6747 überqueren. Dann verlassen wir Aichelau

und wählen eine Route entlang der Felder bis zum Wald. In diesem Gebiet kann es gut sein, dass wir dem Schäfer Fauser mit seiner Herde begegnen. Unser Weg führt unterhalb der Gemarkung „Burghalde" ins nächste Tal. Das Oberstetter Tal mündet in das Lehrtal, in dem unsere Tour begann. Das letzte Stück geht nochmals etwas bergauf und wir erreichen die Schäferei Fauser.

Schafe auf der Wacholderheide

Unser Tipp

Die Schäferei Fauser bietet einen genüsslichen Abschluss dieser Power-Tour. Ein überdachter Sitzplatz mit Grillstelle, regionale Produkte, Übernachtungsmöglichkeiten im Heuhotel oder Schäferkarren und Spezialitäten vom Schaf und Lamm auf dem Albhof. Mehr Infos im Internet: www.schaeferei-fauser.de
Tel.: 0 73 88 / 12 81
Mehr Infos zu Pfronstetten: www.pfronstetten.de

21 Rund um die Pfullinger Unterhos´

Das Wahrzeichen Pfullingens steht im Mittelpunkt der abwechslungsreichen Walking-Runde

Streckenprofil

Eine Tour mit Waldwegen, Schotterwegen und weichen Wiesenwegen. Der Aufstieg zur Schönberghochfläche ist schmal und steinig. Im Anschluss folgen gut beschaffene Wege.

 2,9 km   45 Minuten   Höhenmeter

Anfahrt und Lage

Den Schönberg erreicht man von Pfullingen auf der B312 Richtung Unterhausen-Lichtenstein.

Nach dem Gartencenter Hortense biegt man rechts ab, fährt ein Stück parallel zur Bundesstraße und folgt dann rechts der Beschilderung hinauf zur Wanne am Schönberg. Oben angekommen, parken wir unterhalb des Schönbergturmes.

Die Tourenbeschreibung

Vom Parkplatz aus folgen wir den Wegzeichen des Schwäbischen Albvereins mit dem „roten Balken", den Wiesenpfad rechts bergauf. Durch den Wald gelangen wir auf steinigem Weg zum Schönbergturm. In diesem eigenartigen Turm auf zwei Füßen steigt man in einem Turmfuß hinauf und im anderen wieder hinunter. Wer möchte, kann den Aufstieg in sein Fitnesstraining integrieren und wird belohnt mit einen weiten Ausblick. Übrigens, die besondere Bauweise gab dem Aussichtsturm den etwas spöttischen Namen. Echte Pfullinger schätzen diese Bezeichnung für ihren Schönbergturm allerdings nicht sonderlich. Über die Schönberghochfläche führt unser Weg mit dem Wegzeichen „roter Balken" ein kurzes Stück am linken Waldrand entlang. Dann gehen wir links in den Wald hinein. Nach ca. 200 m biegen wir rechts ab und folgen diesem stetig fallenden Weg, bis wir wieder das

① *Schönbergturm/Pfullinger Unterhos'*

„Hintere Sättele" erreicht haben. Auf dem Sättele wählen wir den Weg scharf rechts (blaues Dreieck) und folgen ihm im spitzen Winkel. Nach ca. 600 Metern durch den Wald erreichen wir einen weichen Wiesenweg, der uns unterhalb des Schönbergturms wieder zurück zum Parkplatz an der Wanne führt.

┌ Unser Tipp ┐

Achten Sie am Schönbergturm auf die Fahne. Ist sie gehisst, hat der Kiosk im Turm geöffnet. Bei vielen Wanderern sind die harten Schwarzwürste und Landjäger ein Geheimtipp. Bei Grillwetter kann man Grillwürste im Kiosk kaufen und an einer der zahlreichen Grillstellen am Turm grillen. Mehr Informationen: www.schwaebischer-albverein.de

Auf dem Won

22 Über das Rossfeld zum Buoberg

Uns erwarten eine einzigartige Landschaft, historische Wall-anlagen und der Einblick in ein abgelegenes Naturschutzgebiet

Streckenprofil

Um den Rossberg führen Wiesen- und Schotterwege. Die Stei-gungen sind moderat. Die Tour kann mit einem Abstecher auf den Rossberg ergänzt werden.

 5,0 km   1 Stunde   Höhenmeter

Anfahrt und Lage

Von Reutlingen fährt man auf der L383 durch Gönningen in Richtung Genkingen weiter. Am Ende des Albaufstieges am Ortseingang von Genkingen geht es rechts ab Rich-tung Rossberg (Beschilderung fol-gen). Bis zum Parkplatz sind es ca. 3 km! Er befindet sich ein gutes Stück vor dem Rossberg, an der Stelle, an der ein kleines Sträß-chen hinunter ins Tal führt.

Die Tourenbeschreibung

Vom Parkplatz aus folgen wir dem Weg zum Rossberg. Es empfiehlt sich auf der Wiese neben der Straße zu

① *Rossberg/Wanderheim*
② *Schanzanlagen*
③ *Naturschutzgebiet Buoberg*

bleiben, da hier besonders an den Wochenenden einiges los ist. Wir passieren den Parkplatz am Fuße des Rossbergs mit der Orientierungstafel der „Expedition Schwäbische Alb". Am Fuße des Rossbergs halten wir uns rechts und umrunden auf diesem Weg den Rossberg, bis wir wieder fast auf den Hinweg treffen. Am Parkplatz halten wir uns aber rechts und wählen einen Parallelroute zum Hinweg. Diese führt uns am Parkplatz vorbei, welchen wir überqueren, und folgen dann einem leicht ansteigenden Wiesenweg Richtung Waldrand. Am Waldrand finden wir rechts eine verwitterte Tafel mit der Beschreibung der Schanzanlagen auf dem Rossberg und am vor uns liegenden Buoberg. Folgt man dem Weg in den Wald hinein, durchquert man einen der Wälle. Plötzlich steht man am Rande einer großen Lichtung mit

alten Weidbäumen. Wir befinden uns im Naturschutzgebiet Buoberg. Bitte verlassen Sie den offiziellen Weg nicht! Nach unserem Abstecher zum Buoberg geht es auf der rechten Seite der Hochfläche am Waldrand entlang bis zum Parkplatz zurück.

Unser Tipp

Auf dem Rossberg steht ein weithin bekanntes Wanderheim des Schwäbischen Albvereins. Hier bekommen Sie ein reichhaltiges Vesper mit Zutaten vom Bauernhof der Wirtsfamilie. Ein frisches Bauernbrot dazu macht glücklich, und deshalb ist bei schönem Wetter sehr viel Betrieb. Mehr Infos bei:
Familie Schänzlin
Telefon: 0 70 72 / 70 07

Auf dem Weg zum Buoberg

23 Rund um den Kalkstein

Die Tour führt durch Trockentäler zum Wetterfrosch und an tiefen Alblöchern vorbei

Streckenprofil

Rund um den Kalkstein führt die Tour über Wiesenwege, Waldwege, kurze asphaltierte Abschnitte und Schotterwege. Leichte Steigungen und eine gut ausgeschilderte Route erwarten uns.

 7,6 km   2 Stunden   Höhenmeter

Anfahrt und Lage

Ausgangspunkt ist der Wanderparkplatz unterhalb des Undinger Golfplatzes. Sonnenbühl-Undingen erreicht man von Reutlingen über Gönningen und Genkingen auf der L382. Durch Undingen weiter fahren Richtung Sonnenbühl-Erpfingen. Am Ortsausgang von Undingen der Beschilderung Golfplatz / Klimaweg folgen. Am Parkplatz mit der großen Übersichtstafel des Klimaweges parken.

Die Tourenbeschreibung

Die Tour um den Berg „Kalkstein" verläuft entlang den Informationstafeln des Klimawegs Sonnenalb. Zuerst geht es vom Wanderparkplatz ein Stück die Zufahrtsstraße zurück, bis ein Schotterweg nach links zum Fuße des Kalksteins abzweigt. Wer möchte, kann einen Abstecher hinauf auf den Gipfel machen und den weiten Blick in die Landschaft genießen.

Weiter geht es auf dem Schotterweg durch das Rinnental, vorbei an der Klimamessstation von Roland Hummel, dem Wetterfrosch der Alb, und Herrn Kachelmanns Wetterstation.

Nach einigen Metern führt der Weg leicht ansteigend in den Wald hinein. Am Rande des Golfplatzes folgen wir dem Weg durch den

① *Kalkstein*
② *Doline im Weidenwang*
③ *Bärenhöhle*

Frauenwald zur Doline Weidenwang, die in einer großen Karstwanne liegt. Von der Doline zurück führt der Weg an der Laileshütte vorbei leicht ansteigend weiter, bis wir auf Höhe des Golfplatzgebäudes uns wieder rechts hinunter zum Parkplatz begeben.

Unser Tipp

Besonders einladend ist die Sonnenterrasse des Golfplatzrestaurants. Hier kann man bei einem Eis oder einem Kaffee und Kuchen genüsslich die „Anstrengungen" der Walking-Tour „Rund um den Kalkstein" vergessen. (www.golfclubreutlingen.de) An der Laileshütte (Station 11) befindet sich ein schöner Grillplatz.
Mehr Infos zur Sonnenalb unter: www.sonnenalb.de

Deutscher Enzian

24 Windhösels „Après-Genuss"-Tour

**Eine Tour, die höchste kulinarische Genüsse
und Nordic Walking perfekt verbindet**

Streckenprofil

Nach einem asphaltierten Weg aus dem Ort heraus erwarten uns
gut ausgebaute Wald- und Schotterwege, die meist im Wald oder
am Waldrand verlaufen.

 3,5 km   45 Minuten   Höhenmeter

Anfahrt und Lage

Sonnenbühl-Erpfingen erreicht man
von Reutlingen über Gönningen,
Genkingen und Undingen auf der
L382. In Erpfingen bleibt man auf
der Hauptstraße durch den Ort bis
zur großen Kreuzung. Dort links
und die nächste Möglichkeit rechts.
Nach ein paar Metern erreicht man
auf der rechten Seite das Hotel-
Restaurant Hirsch und den Gäste-
parkplatz.

Die Tourenbeschreibung

Die folgende Runde ist die Lieb-
lingsstrecke des Hausherrn Gerd
Windhösel vom Hotel-Restaurant

Hirsch. Gern gibt man Ihnen im Hirsch Hinweise und Tipps zur Streckenführung.

Vor dem Hotel-Restaurant Hirsch wenden wir uns links und biegen dann rechts ab in die Schlossstraße. Dieser folgen wir ortsauswärts, bis wir den Wald erreichen, und folgen dann dem Schotterweg. Nach einer leichten Linkskurve wird der Weg flach und Sie können links eine Abkürzung (steiler Anstieg in Serpentinen) zur Ruine Hohenstein nehmen. Unsere Wegbeschreibung führt Sie weiter entlang der Landstraße nach Stetten. Die bald folgende Wegkreuzung einfach geradeaus überqueren, bis der Weg bei Stetten aus dem Wald herauskommt. Es folgt eine Linksbiegung und gleich darauf eine Rechtskurve (alles am Waldrand). In dieser Kurve zweigt steil ein Wanderweg mit gelbem Dreieck ab. Keine Sorge, dieser Weg ist zwar steil, aber dafür nicht sehr lange. Oben angekommen folgen wir dem Weg nach links und gehen immer den grünen Hinweisschildern des Sonnenbühler Wanderweges 4 nach. Dieser führt uns über einen herrlich weichen Waldweg auf den Kobelwald und dann vorbei an der

① *Ruine Hohenerpfingen*
② *Ruine Holstein*

Ruine Hohenerpfingen. Immer der Beschilderung folgend, erreichen wir nach ca. 1 km die Trafostation. Von dort sind es nur noch 500 Meter bis zum Ausgangspunkt.

Unser Tipp

Sollten Sie Ihre Stöcke vergessen haben, können Sie sich welche im Hirsch gegen eine geringe Gebühr ausleihen.
Erpfingen ist weithin bekannt für die Bärenhöhle und die Sommerbobbahn. Dabei wird leicht ein besonderes Kleinod übersehen: das Ostereimuseum. Mit viel Liebe zum Detail werden alljährlich Sonder- und Themenausstellungen präsentiert.
Mehr Informationen:
www.sonnenbuehl.de

25 Die Stöckles-Cup-Tour

Eine Runde durch welliges Gelände, auf der alljährlich der Stöckles-Cup ausgetragen wird

Streckenprofil

Die Runde verläuft auf Wald- und Schotterwegen mit mehreren Steigungen. Ein Teil der Strecke ist ausgeschildert.

 10,0 km   2 Stunden   Höhenmeter

Anfahrt und Lage

Das ALBGOLD-Kundenzentrum bei Trochtelfingen erreichen Sie von Reutlingen über Engstingen und weiter auf der B313 Richtung Haid-Trochtelfingen. Vor Trochtelfingen biegen Sie am Hinweisschild „ALB-GOLD-Kundenzentrum" rechts ab. Man überquert die Bahnlinie und nach ca. 500 m erreicht man den Parkplatz des Kundenzentrums. An den Wochenenden erreichen Sie ALBGOLD auch mit dem Zug. Vom Bahnsteig aus können Sie die Route direkt starten. Fahrpläne finden Sie im Internet:
www.schwaebische-alb-bahn.com

Die Tourenbeschreibung

Vom Kundenzentrum führt der Weg zurück zur Bundesstraße, die wir überqueren und dort der Beschilderung um den „Spitzigen Berg" zum Lippertshorn und weiter durch den Wald folgen. Nach einem kurzen Stück über eine freie Fläche wählen wir den Weg links am Waldrand entlang, bis wir wieder in den Wald kommen und nach einigen Metern das Feuchtbiotop erreichen. Von dort folgen wir weiter der Beschilderung bis an den Ziegelberg, den wir zu zwei Dritteln umrunden. Wir folgen dem Weg weiter an der Bahnlinie entlang, bis wir auf unseren Hinweg treffen. Nach ca. 500 m erreichen wir ALBGOLD. Im modernen Kundenzentrum haben Sie die Möglichkeit an Füh-

① *ALBGOLD-Kundenzentrum*
② *Feuchtbiotop im Wald*

rungen durch die gläserne Produktion teilzunehmen und im Restaurant Sonne ALBGOLD-Nudeln zu genießen. Vor dem Gebäude ist ein begehbarer Kräutergarten mit rund 1.000 Kräutern angelegt.

Unser Tipp

Der Stöckles-Cup findet jährlich statt und zieht Nordic Walker aus der ganzen Region an, die gemeinsam eine kleinere oder größere Fitnessrunde absolvieren. Bei diesem Event steht nicht die Platzierung im Vordergrund, sondern die Teilnahme und der Spaß, mit vielen anderen Menschen zu walken. Mehr Infos unter:
www.stoeckles-cup.de
Weitere Informationen zu ALBGOLD finden Sie im Internet unter www.albgold.de

Auf der Stöckles-Cup-Runde

26 Im Schaichtal

**Erleben Sie Geschichte und Natur entlang der Tour
vom Albblick hinunter ins Schaichtal**

Streckenprofil

Eine Tour mit Steigungen auf gut begehbaren Wegen. Wer Interesse an lokaler Geschichte und Natursehenswürdigkeiten hat, sollte etwas mehr Zeit einplanen.

 10,0 km　　 2 Stunden　　 Höhenmeter

Anfahrt und Lage

Walddorf (Walddorfhäslach) erreichen Sie über die B27 Richtung Tübingen. Der beste Startpunkt zu dieser Tour liegt am Ferienheim in Walddorf. Dieses erreicht man von der Ortsmitte Walddorf kommend, die letzte Straße rechts, den Herdweg hoch bis kurz vor den Wald-

rand. Bei der Gaststätte Ferienheim (früher Rehwinkel) gibt es Parkplätze.

Die Tourenbeschreibung

Wir gehen vom Parkplatz bis zum Wald, dann links, am Waldrand entlang zum Albblickstein (Alb-

① *Weißes Häusle*
② *Schwellerstein*
③ *Grillplatz*
④ *Sulzeiche*

vereins-Wanderzeichen). Entlang dem Waldrand hat man einen herrlichen Blick auf die Schwäbische Alb von der Teck bis zum Hohenzollern. Da lohnt es sich schon mal stehen zu bleiben und die bekannten Berge zu suchen.

Am Albblickstein geht es rechts in den Wald hinein, den Schwarzhau-weg hinunter zum Weißen Häusle. Dort kann man schon die erste Rast einlegen, wer aber die ganze Strecke schaffen will, sollte eine längere Pause später einplanen. Nach dem Weißen Häusle geht es scharf rechts ins Schaichtal hi-nunter. Wir gehen immer bergab, um die Kehre, an einem kleinen Brunnen vorbei bis ins Tal. Im Tal geht's dann rechts, das Schaicht-tal abwärts (Richtung Neuen-haus). Nach ca. 500 m kommt

rechts eine kleine Wiese. Wer Interesse an alten Gedenksteinen hat, kann hier rechts die Wiese hochgehen, ein Stück in den Wald hinein auf dem Fahrweg und dann rechts auf einem Trampelpfad in die Fuchsklinge. Im unteren Teil der Schlucht befindet sich der Schwellerstein, als Andenken an den Unterförster Carl Schweller,

Der Schwellerstein

gestorben 1814. Dieser hat 1814 aus Eifersucht oder verschmähter Liebe die Tochter des Walddorfer Ochsenwirts erschossen und danach Selbstmord begangen. Damals wurden Selbstmörder nicht auf dem Friedhof beerdigt, deshalb wurde er im Wald verscharrt. Daran erinnert dieser Stein, und wenn man dann in der engen Fuchsklinge steht und den bemoosten Stein ansieht, wird es manchem doch nachdenklich zumute. Wir gehen zurück auf das Schaichtalsträßle und weiter das Schaichtal abwärts. Nach gut einem Kilometer kommt die Walddorfer Brücke mit einer Feuerstelle. Wer hier abkürzen will, kann rechts den steilen Waldenbucher Weg hochgehen und kommt dann direkt zum Ausgangspunkt zurück. Viel schöner ist es aber, weiter das Schaichtal entlang zu gehen, an den Teichen je nach Jahreszeit Libellen, Frösche oder Enten zu beobachten und einfach das schöne Tal zu genießen. Nach gut 2 km kommt wieder eine Feuerstelle, nicht weit davon ist ein Brunnen mit einem sehr schönen Rastplatz. Ca. 500 m weiter ist noch ein Rastplatz am Heilbrunnen. Wir gehen aber an der ersten Feuerstelle rechts, über die Schaich und in Serpentinen die Sulzsteige hoch bis zur Sulzeiche, einem der ältesten Bäume im Schönbuch. Der Waldrand nach der Sulzeiche steht unter Naturschutz.

An der Sulzeiche gehen wir dann rechts am Waldrand entlang wieder zurück zum Ausgangspunkt. Unterwegs gibt es noch einige schöne Aussichtsstellen zur Schwäbischen Alb.

Unser Tipp

Entlang der Tour sind mehrere Grillplätze beschrieben, die zu einer längeren Rast einladen. Hervorragende Zutaten zum Grillen bekommen Sie auf dem Biolandhof Gaiser & Fischer in Walddorfhäslach in der Dorfstraße 101–103 Telefon: 0 71 27-30 21, Aus eigenem Anbau erhalten Sie Gemüse sowie Topfkräuter. Im Hofladen gibt es zusätzlich Eier, Fleisch und Wurstwaren, Gemüse, Getreide, Getreideerzeugnisse, Honig, Käse, Kartoffeln, Milch, Molkereiprodukte, Obst, Saft, Tee und Wein.

Rechts: Die Sulzeiche

27 Rund um Wannweil

**Die Ortsgruppe Wannweil des Schwäbischen Albvereins
führt auf dieser Route um Wannweil herum**

— Streckenprofil —

Eine Tour auf asphaltierten Wegen und Feldwegen mit Steigungen.
Teilweise verläuft die Route in Wannweil.

 6,3 km　　 1,5 Stunden　　 Höhenmeter

Anfahrt und Lage

Wannweil erreicht man über die
B27 Richtung Tübingen, Ausfahrt
Kirchentellinsfurt. Auf der L397
weiter nach Wannweil und dort der
Beschilderung zum Rathaus folgen. Einen detaillierten Lageplan
finden Sie im Internet unter www.
wannweil.de

Die Tourenbeschreibung

Beginnend am Rathaus, verläuft
der Weg im Uhrzeigersinn zunächst
über die Marienstraße zum ehemaligen Farrenstall, der heute dem
Reiterverein als Unterkunft für
die Pferde dient. Über den Burg-
weg kommt man leicht ansteigend
in Richtung Schützenhaus. Etwas

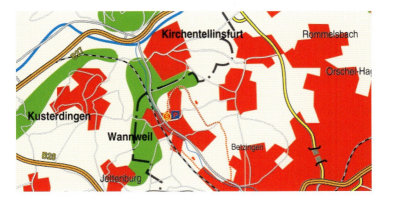

steiler geht es dann weiter zu den Reitanlagen des Reitervereins und ziemlich eben zu den Tennisplätzen. Hinter diesen kommt links des Weges ein großes Waldgebiet, genannt Blasshalde. Auf weiterhin geteertem Weg geht es vorbei an Streuobstwiesen, Weiden und Äckern hinauf zu der Hochfläche über dem Hühnerloch. Oben angelangt, öffnet sich der Blick zur Schwäbischen Alb, die bei gutem Wetter vom Plettenberg über Raichberg und Hohenzollern, Dreifürstenstein, Rossberg, Achalm, Jusi bis zu Hohenneuffen und Teck zu sehen ist. Immer geradeaus geht es weiter bis zur Ortsverbindungsstraße nach Degerschlacht, die überquert wird. Nach den Feldern der Gärtnerei bietet sich

bei einer Ruhebank ein herrlicher Ausblick auf den Ortskern und die südlichen Ortsteile sowie die angrenzenden Gebiete.

Die Ortsumrundung geht weiter zu der Überquerung des Wassergrabens. Auf der rechten Seite sind die letzten Häuser des Wannwei-

Beschilderung „Rund um Wannweil"

ler Wohngebiets Stockacher Halde zu sehen und vor uns ist der Blick frei auf Reutlingen. Weiter geht die Strecke immer geradeaus und auf immer noch geteertem Weg nach Betzingen, wo wir über die Fallenbachstraße die Hauptstraße nach Wannweil erreichen und diese überqueren. Vor dem Betzinger Friedhof gehen wir über die Fußgängerbrücke der Echaz und begleiten diese flussabwärts bis zur Bahnlinie. Entlang dieser geht unser Weg weiter. Am Ortsrand überqueren wir den Firstbach, der aus dem Reutlinger Industriegebiet kommt und früher durch die Grießstraße in Richtung Ortsmitte floss. Hinter der Brücke erreichen wir den Wanderweg, gekennzeichnet mit der blauen Raute, der von Kusterdingen über Wannweil nach Betzingen führt. Folgen wir diesem ortseinwärts, so kommen wir in die Dorfstraße, überqueren dort die Echaz und sind wieder an unserem Ausgangspunkt am Rathausplatz angelangt.

Tourergänzung

Wer die „andere Hälfte" der Ortsumrundung noch dranhängen möchte, den erwarten 5,7 km zusätzliche Strecke. Insgesamt hat die Route 12 km Länge auf gut ausgebauten Wegen, die teilweise innerorts verlaufen.

Unser Tipp

Zwischen Wannweil und Degerschlacht befindet sich die Gärtnerei Hespeler. Hier bekommen Sie Früchte, Gemüse und frische Sträuße sowie weitere regionale Produkte in hervorragender Qualität.
Gärtnerei Hespeler
Telefon 0 71 21-5 73 30
www.gaertnerei-hespeler.de
Öffnungszeiten:
Mo.–Sa. 8.00 bis 12.30 Uhr
Mo.–Fr. 14.00 bis 18.00 Uhr
Mehr Informationen zur Ortsgruppe Wannweil bekommen Sie unter: www.wannweil.de/albverein.
Dort finden Sie auch eine Wegskizze der Ortsumgebung.

Rechts: Ausblick zum Albtrauf

28 Rund um Zwiefalten

Münster, Mönchswege und Peterskapelle sind die Stationen für ein besonderes Walking-Erlebnis

Streckenprofil

Überwiegend befestigte Wege mit teilweise knackigen Steigungen. Die Route ist fast komplett ausgeschildert.

 10,0 km   2 Stunden   Höhenmeter

Anfahrt und Lage

Zwiefalten liegt an der B312 zwischen Reutlingen und Riedlingen. Ausgangspunkt unserer Tour ist der Parkplatz an der Rentalhalle in Zwiefalten (Beschilderung folgen).

Die Tourenbeschreibung

Vom Parkplatz Rental folgen wir dem Weg zum Schwimmbad und stoßen von dort auf die Route Nr. 6 des Zwiefalter Rundwanderwegenetzes. Bald erreichen wir den

Bühlhof und folgen dem Prälaten-
weg hinauf bis in das Waldstück
„Alter Hau". Bevor wir den Wald
erreichen, lohnt es sich an der
Wegkreuzung kurz anzuhalten und
den Blick ins Tal zu genießen.
Weiter geht es durch den Rübteil-
hau auf der Route Nr. 6 über den
Emerberg. Am Emerberg hat man
an klaren Tagen eine Fernsicht bis
in die Alpen. Am Waldrand entlang folgen wir dem Weg rechts
(Wegzeichen Burgenweg) bis zur
Peterskapelle oberhalb von Baach.
Weiter führt der Weg nach Baach
hinunter und von dort auf der Route Nr. 7 nach Zwiefalten zurück.
Dort folgen wir der Beschilderung
zum Parkplatz an der Rentalhalle.

② *Zwiefalter Münster*
③ *Peterskapelle*
④ *Radlerherberge Baach*

Peterskapelle

Unser Tipp

In Baach lohnt sich ein Abstecher zum Gasthaus Felsen. Hier
werden Bioland- und Demeter-
produkte auf der Speisekarte
angeboten und eine schön
gestaltete Gartenterrasse lädt
zum Genießen ein. Anton und
Dorothea Ege legen großen Wert
auf frische und gesunde regionale Produkte.
Tel.: 0 73 73 – 3 44
www.gasthaus-felsen.de

29 Von der Hammerschmiede zur Wasserhöhle

Start- und Endpunkt der Tour ist die Alte Hammerschmiede mit einem gemütlichen Biergarten und erlesenen Fischspezialitäten

Streckenprofil

Eine Runde mit guter Wegbeschaffenheit und knackiger Steigung. Kann auch vor der Wimsener Höhle abgekürzt werden.

 8,5 km   1,5 Stunden   Höhenmeter

Anfahrt und Lage

Zwiefalten liegt an der B312 zwischen Reutlingen und Riedlingen. Ausgangspunkt unserer Tour ist die Alte Hammerschmiede in Zwiefalten. Heute befindet sich dort eine Fischzucht mit Biergarten, Wirtschaft und Hofladen. Der Weg nach Gossenzugen-Wimsen führt direkt oberhalb des Biergartens vorbei.

Die Tourenbeschreibung

Von der Alten Hammerschmiede folgen wir dem Weg entlang der Zwiefalter Aach nach Gossenzugen und von dort weiter den Schildern durch den Wald nach Wimsen zur Friedrichshöhle (meist „Wimsener Höhle" genannt), der einzigen, mit dem Boot befahrbaren Schauhöhle in Deutschland. Dort befindet sich das Ausflugslokal „Friedrichshöhle", das regionale Spezialitäten anbietet und eine gemütliche Sonnenterrasse hat. „Echtes Toskanafeeling" verspricht der Wirt Daniel Tress.

Nach der Höhlenfahrt nehmen wir den Weg links hinauf zum Wanderparkplatz „Drei Kreuze" am Eulenberg. Wir halten uns weiter links, kommen am Naturdenkmal Engelersbuche vorbei und folgen dem Weg durch Gauingen über den Gauberg nach Zwiefalten hinunter.

Vom Gauberg haben Sie einen sehr schönen Ausblick auf das Zwiefalter Münster. Im Ort angekommen, folgen wir wieder der Beschilderung zur Alten Hammerschmiede in die Gerberstraße zurück.

① *Wimsener Höhle/Friedrichshöhle*
② *Zwiefalter Münster*
⑤ *Alte Hammerschmiede/IP Fischzucht*

Unser Tipp

Das Zwiefalter Münster ist weithin berühmt. Außer Kultur hat Zwiefalten noch einiges mehr zu bieten. Wer sich künstlerisch betätigen will, kann das auf besondere Art im Gauinger Marmorsteinbruch beim Steineklopfen. Ein hervorragender Genuss sind die vielen Forellen-, Saibling- und Lachsspezialitäten in der Alten Hammerschmiede. Aus der eigenen Zucht werden die Fische zu Terrinen, Pasteten und Räucherfisch veredelt. In der gemütlichen Wirtschaft und im Biergarten kann man den edlen Fisch auch frisch zubereitet genießen.

Die gesamte Runde entspricht der Rundwanderroute 2 der Zwiefalter Rad- und Wanderkarte, die in der Touristinfo im Peterstor oder im Rathaus erhältlich ist.

Die Alte Hammerschmiede

30 Von der Zwiefalter Aach zur Donau

Münster-, Armenhaus- und Flussgeschichten begleiten uns auf dieser Tour

Streckenprofil

Es erwarten uns geringe Höhenunterschiede und befestigte Wege. An manchen Tagen sind hier viele Radfahrer unterwegs.

 6,5 km   1,5 Stunden   Höhenmeter

Anfahrt und Lage

Zwiefalten liegt an der B312 zwischen Reutlingen und Riedlingen. Ausgangspunkt unserer Tour ist der Parkplatz an der Rentalhalle in Zwiefalten (Beschilderung folgen).

Die Tourenbeschreibung

Vom Parkplatz folgen wir der Beschilderung „Route Nr. 7" zur Zwiefalter Aach hinunter, dort halten wir uns links und folgen weiter der Beschilderung an der Aach entlang, bis wir die Radlerherberge in Baach erreichen. Von dort folgen wir dem Weg mit der Nummer 7 bis nach Attenhöfen. Wir durchqueren die kleine Ortschaft und gehen weiter bis kurz vor dem Waldrand des Tautschbuchs (auch Teutschbuch genannt). In diesem Waldgebiet sollen sich einst die Bauernhaufen des Müllers Ignaz Reiser zum Sturm auf das Zwiefalter Kloster versammelt haben.

Vor dem Waldgebiet biegen wir rechts ab und folgen der beschilderten Route wieder zur Radlerherberge nach Baach. An den Wochenenden hat Familie Auchter die gemütliche Wirtschaft geöffnet und auch im Freien einige Tische und Stühle aufgestellt. Ein wunderschönes Plätzchen zum Rasten und Genießen, denn in der Radlerherberge bekommt man kühle Getränke und Vespergerichte.

Die Radlerherberge bietet auch Zimmer und eine Ferienwohnung

② *Zwiefalter Münster*
③ *Peterskapelle*
④ *Radlerherberge Baach*

zum Übernachten und für Urlaubsgäste an und ist Mitglied der AlbhofTour. Ursprünglich wurde das Gebäude als Armen- und Siechenhaus des Klosters Zwiefalten genutzt und jetzt mit viel Aufwand und Liebe zum Detail restauriert und ausgebaut.

Unser Tipp

Die Radlerherberge in Baach liegt am Donauradweg und ist eine beliebte Zwischenstation für viele Radfahrer. Deshalb unbedingt rechtzeitig reservieren.
Mehr Informationen:
Radlerherberge Zwiefalten-Baach
Roswitha Auchter
Talweg 12
Telefon: 0 73 73 – 14 22
www.radlerherberge.de

Die Donauschleife

Vielen Dank für die Mitarbeit

Nordic Walking Park Bad Urach
Tour 1, 2, 3, 4, 5
Wegbeschreibung und Bilder

Dettingen/Erms, Tour 6
Wegbeschreibung und Bilder

Stefanie Mau, Tour 11
Wegbeschreibung und Bilder

Waltraud Rybuschka, Tour 16
Wegbeschreibung und Bilder

Sport-Bleher Münsingen, Tour 18
Wegbeschreibung und Bilder

Gerd Windhösel, Tour 24
Wegbeschreibung und Bild

Hans Gaiser, Tour 26
Wegbeschreibung

Kurt Krauß, Tour 27
Wegbeschreibung

Hans Weckenmann,
Tour 28, 29, 30, Wegbeschreibung

Werner Zinnert, Tour 32
Wegbeschreibung

Bildnachweis

Archiv Bad Urach 18, 24
Archiv Dettingen/Erms 30, 31
Archiv Klaus Meyer 39, 39
Archiv Stefanie Mau 42, 43
Archiv Metzingen 57, 58, 59
Archiv Sport-Bleher 62, 63
Archiv Münsingen 65
Archiv Windhösel 76
Ralf Röckel 81
Archiv Zwiefalten 89

Die Ratschläge in diesem Freizeitführer sind von den Autoren sorgfältig erwogen und geprüft, dennoch kann eine Garantie nicht übernommen werden.
Eine Haftung der Autoren bzw. des Verlages und seiner Beauftragten für Personen-, Sach- und Vermögensschäden ist ausgeschlossen.
Die Bilder dienen nur als Wiedererkennungshilfe, das Erlernen der Übungen sollten Sie sich von einem erfahrenen Trainer zeigen lassen.
Sämtliche Teile des Werkes sind urheberrechtlich geschützt. Jede Verwertung außerhalb der engen Grenzen des Urheberrechtsgesetzes ist ohne die schriftliche Zustimmung des Verlages und der Autoren unzulässig und strafbar. Das gilt insbesondere für Vervielfältigungen, Übersetzungen, Mikroverfilmungen und die Einspeicherung und Verarbeitung in elektronischen Systemen.

Bildnachweis und Textnachweis

Textnachweis siehe Danksagung Seite 95, alle anderen Texte
büro maichle-schmitt in Zusammenarbeit mit Klaus Meyer.
Eine vollständiger Bildnachweis befindet sich auf Seite 95.
Alle anderen Bilder: Ursel Maichle-Schmitt

Kartenlizenz

© Basiskarte: www.kartenwelten.de, Bearbeitung: büro maichle-schmitt

Bibliografische Information der Deutschen Bibliothek

Die Deutsche Bibliothek verzeichnet diese Publikation in der Deutschen Nationalbibliografie; detaillierte bibliografische Daten sind im Internet über http://dnb.ddb.de abrufbar.

© Oertel+Spörer Verlags-GmbH+Co.KG – 2006
Postfach 16 42, 72706 Reutlingen
Alle Rechte vorbehalten
Schrift: 9/12 p ITC Officina Sans
Gestaltung u. Satz: büro maichle-schmitt, Engstingen
Druck u. Bindung: Oertel+Spörer Druck und Medien-GmbH+Co., Riederich
Printed in Germany
ISBN-10: 3-88627-289-3
ISBN-13: 978-3-88627-289-1